Vamos a la Cumbre Abriendo Puertas

Rosa Enríquez

Jóvenes Escritores Latinos
#JEL
Creando activistas a través de las letras
info@editorialjel.org

Escritora Rosa Enríquez
Vamos a la Cumbre Abriendo Puertas
Derechos reservados 2023

Ninguna parte de este libro se puede reproducir o transmitir en ninguna forma o por ningún medio sin la autorización por escrito de Rosa Enríquez.

Editorial #JEL - Jóvenes Escritores Latinos
info@editorialjel.org
ISBN: 978-1-953207-93-7
Producido por Miriam Burbano

Impreso en USA

Para contactar a la Escritora Rosa Enríquez
pazcoy@gmail.com

@JEL2014/Jóvenes Escritores Latinos

escritoresjel

Rosa Enríquez

Prólogo

Me siento honrada de ser la primera en leer este libro sobre mi madre, mi amiga, mi mentora, mi heroína. Esta memoria es una lectura hermosa, es la historia de una mujer extraordinaria que, contra viento y marea, superó las dificultades, el rechazo, los miedos y las dudas. Es una mujer extraordinaria que aprendió a ver las bendiciones en su vida cotidiana. Es una historia de inspiración, esperanza, fe y amor propio.

Desde sus humildes orígenes, Rosa te lleva a través de recuerdos desde su niñez hasta su adolescencia. Describiendo la belleza de la tierra y la sencillez de la vida que vivió cuando era niña en su ciudad natal de Ixtapaluca, México. Aunque sus principios comenzaron con pobreza lo que ahora recuerda es que nunca estuvo sola; recuerda los miembros de su familia, su madre y hermanos fuertes y leales que siempre la cuidaron a través de las dificultades.

Su historia está llena de esperanza, estas memorias son edificantes. Cuando se encuentra como una madre joven que enfrenta todas las adversidades, recuerda el amor y el apoyo de su familia y su fe en Dios que la ayudó a enfrentar los obstáculos y perseverar. La vida la envía por diferentes caminos en busca de una cura para su hija mayor a quien le diagnostican cáncer. Deja su país para comenzar una vida desde cero con nada más que la ropa en su maleta a un lugar llamado tan apropiadamente la Ciudad de la Esperanza. Describe su viaje recordando el dolor y siendo muy consciente del lado positivo en esa lucha por salvar la vida de su hija. Ella vive a través de milagros que afirman su fe en Dios.

Vamos a la Cumbre Abriendo Puertas

Una vez en este país, te lleva con ella en su viaje para construir una vida mejor con su esposo y su familia, describiendo a las personas amables y generosas que Dios puso en su vida. Es una vida extraordinaria desde los humildes comienzos como inmigrante hasta lograr un gran éxito a través del trabajo duro, la tenacidad y nunca darse por vencida. Un día se le ofrece la oportunidad de iniciar su propio negocio como Consultora de Cosméticos Mary Kay en un momento de su vida que se sentía más cansada, frustrada, amargada y desesperanzada consigo misma. Ella aprovecha esta gran oportunidad y obediente a todo el entrenamiento que le dan acompañada de la necesidad desesperada de obtener un ingreso para sacar a su familia adelante. Ella comparte historias de las personas que conoció en Mary Kay Cosméticos y cómo a través de este recipiente se convirtió en la mujer que Dios quería que fuera. Aprendió su oficio, pero sobre todo, los principios y la filosofía de Mary Kay Ash le inculcaron lecciones de amor y confianza en sí misma. Su fuerte ética de trabajo y su entusiasmo por compartir esta gran oportunidad con otras mujeres la llevaron a tener un gran éxito en la empresa. Usó ese éxito para transmitirlo a otras mujeres dedicando su vida a empoderar a las mujeres abriendo puertas de oportunidades e incluso siendo pionera en llevar esta oportunidad internacionalmente a su hogar natal, México, con el objetivo de ofrecer a las mujeres un lugar para empoderarlas con auto- creencia y la oportunidad de tener una carrera.

Alexander Graham Bell dijo una vez: "Cuando una puerta se cierra, otra puerta se abre; pero a menudo miramos durante tanto tiempo y con tanto pesar la puerta cerrada que no vemos las que se abren para nosotros".

Tuve la suerte de haberme unido a mamá en la mitad de su carrera, justo cuando estaba aprendiendo a volar. Trabajamos juntas durante varios años. La vi extender sus alas, liderar a miles de mujeres. Soñar y apostar por sí misma. Mamá logró un gran éxito en esa empresa como Directora Nacional de Ventas Sénior siguió con su excelencia hasta llegar a ser miembro del prestigioso Círculo Interior en la compañía. Una posición muy distinguida y la mantuvo durante años hasta jubilarse. Logrando un gran éxito se mantuvo humilde con un solo deseo y era ayudar a otras mujeres. Dirigió a miles de mujeres, no todas se convirtieron en nacionales o directoras, la mayoría eran consultoras, clientas y amigas, todas aprendiendo a amarse a sí mismas y ayudándolas a creer en sus sueños. Mamá se apasionó por compartir todo lo que Mary Kay Ash y la compañía le habían enseñado. Tuvo un gran impacto positivo en la vida de muchas mujeres.

Si saca algo de estas historias, espero que sea tener fe para ver las bendiciones diarias en su vida, incluso cuando las cosas no van según lo planeado. Haga su parte, trabaje arduamente. Despierta y muéstrate sabiendo que Dios estará allí a tu lado cree que no estás solo en esto. Espero que estés tan inspirada como yo lo he estado. Mamá da esperanza a los lectores y da aliento para seguir adelante y convertirnos en la mejor versión de nosotros mismos. Con el tiempo, mamá aprendió a brillar para usar sus habilidades de liderazgo para capacitar a otras mujeres para esparcir bondad, amor, alegría y esperanza, y ahora que es mayor, veo que los obstáculos continúan constantemente frente a ella, tiende a respirar profundo y los supera pacíficamente.

Vamos a la Cumbre Abriendo Puertas

Como abuela y madre en sus años dorados continúa guiando a esta familia con su sabiduría y fe. Espero que sus nietos y bisnietos continúen con su legado de una fuerte ética de trabajo, fiel, leal, amable y humilde, esas son las lecciones que creo que son su legado.

Proverbio 25-26

Está revestida de fuerza y dignidad, y se ríe sin miedo al futuro. Cuando habla, sus palabras son sabias, y ella da instrucciones con amabilidad.

Maria de la Paz Coy

Raíces de Rosa Enríquez

Nací en un pequeño pueblo del estado de México, llamado Ixtapaluca, el 14 de septiembre de 1936. Cuando recuerdo mis primeros años de vida; me asombro al darme cuenta que tengo recuerdos muy claros de cuando tenía tres o cuatro años.

Fui hija de Sofía Hernández, una mujer maravillosa, madre soltera de ocho hijos; Josefina, Salvador, Luis, Lourdes, Olegario, Rosa, Mariano y Cristina. Mariano y yo fuimos gemelos, pero él murió cuando era bebé, decían que había muerto, porque mi mamá hizo un coraje muy fuerte, y le dio de comer con su pecho, decían que al poco rato de que mi mamá lo amamantó, el niño empezó a llorar muy fuerte; y no paró de llorar y a los pocas horas murió.

Al ver esto, le dijeron a mi mamá que no me amamantara a mí, pues se veía que su leche le hizo daño al niño.

Una señora del pueblo que se llamaba Loreto, tenía un bebé de mi misma edad, y se ofreció a amamantarme por una semana, puesto que en ese tiempo y en ese pueblo, no había botellas ni fórmula para bebé.

Como dije antes, mis recuerdos empiezan como a los 3 años, recuerdo que me abrazaba a las piernas de Salvador, y él me acariciaba y me cargaba, yo lo veía tan grandote que pensaba que él era mi papá, con el tiempo me di cuenta que era mi hermano.

Éramos muy pobres, pero mi mamá tenía una pequeña tienda donde vendía de todo; pan, vegetales, frutas, vino, cerveza, leña, carbón, de todo.

Vamos a la Cumbre Abriendo Puertas

Ella tenía que trabajar mucho, yo la veía levantarse a las 5 de la mañana. Tengo esas mañanas grabadas en la mente, la veía ponerse frente a su altar donde siempre ardía una veladora, le veía sus ojos llenos de fe, santiguarse y encomendarse a Dios antes de abrir su tienda; y empezar a trabajar, no descansaba todo el día.

Ella cocía el nixtamal, mandaba a mi hermana al molino, y ella hacía las tortillas. En ese tiempo no había tortillerías, tampoco había agua; teníamos un pozo muy hondo, y de allí sacábamos el agua con un lazo y una cubeta para el uso diario, para lavar la ropa caminábamos muy lejos, hasta un rancho que se llamaba Jesús Maria.

El hombre que era mi papá, era casado y nunca nos dio nada, él se llamaba Benito Ortega, cuando llegaba a nuestra casa, solo iba a corregirnos y regañarnos, cuando lo encontrábamos en el mercado o en la calle; trataba de voltear para otro lado.

Siendo tan pequeña, yo me daba cuenta que nuestra situación era tan triste, era por qué hay hombres que tienen hijos con varias mujeres; y no piensan en el sufrimiento de los niños, como dije antes, éramos muy pobres.

Pero mi madre era una mujer extraordinaria, creo que cuando era niña no lo comprendí, ni lo valoré, pero al pasar los años, al convertirme en una mujer, veo a mi madre, como un gigante. Qué mujer más maravillosa, le doy gracias a Dios por mandarme a sus brazos.

Era una pobreza tan extrema, pero nosotros nunca tuvimos hambre gracias al trabajo y la sabiduría de ella. Nuestra comida cotidiana eran lentejas, garbanzos, frijoles, arroz,

Rosa Enríquez

pescado y mucha verdura; pues como ella vendía verduras, la que ya no estaba tan fresca y ya no la podía vender, las hacía en sopa de verdura y tortitas de huevo con mucha verdura, ensalada y mucho pescado fresco, pues lo compraba muy barato cuando iba a México a comprar la mercancía para la tiendita.

A mí se me antojaba ver como comían mis amigas ricas, jamón, carne y pollo; hasta que fui madre, comprendí la comida tan nutritiva que nos hacía nuestra madre.

Dios ha enviado ángeles a mi vida

Durante toda mi vida he sido muy dichosa y bendecida por Dios, pues ha mandado muchísimos ángeles a mi vida. Frente a nuestra casa vivía la familia Colin, ellos eran "ricos" y el señor José, su esposa y dos hijas, Josefina y Esperanza, toda la familia me quería mucho; me trataban como si yo fuera la niña chiquita de la casa.

Él siempre me llevaba en su coche, y me compraba chocolates y helado. El Sr. Colin tenía un negocio de semillas, tenía una casa muy grande con muchas flores y bodegas grandes, camiones y muchos trabajadores.

Recuerdo que en diciembre de cada año, hacía una posada para la gente del pueblo, los trabajadores toda la semana se pasaban arreglando la casa para la fiesta, él llegaba con un camión lleno de costales, y guacales de frutas; otros trabajadores pasaban días haciendo piñatas.

En ese tiempo no había tienda de piñatas, en una ocasión estaban haciendo una piñata en forma de barco, con unas tablas muy delgadas que se llamaban tejamanil, a mí me gustó mucho; y empecé a jugar a que me iba en el barco.

Por la noche, en medio de la fiesta, me decía mi mamá que me perdí; todos empezaron a buscarme y no me encontraban, pero la fiesta siguió, amarraron el barco y lo subieron para romperlo a palos, pero en eso, llega un trabajador y le preguntaron por mí y se acordó que me había visto jugando adentro del barco.

Bajaron la piñata y decía mi mamá que yo estaba dormida; la fiesta siguió y siguieron rompiendo piñatas, ese día era inolvidable para la gente del pueblo, pues el Sr. Colin hacía como una kermés, mandaba alumbrar el patio con unas lámparas de trementina; una goma que sacaban de los árboles de Ocote, pues en ese tiempo no había luz eléctrica en las calles.

El Sr. traía una orquesta y había baile, y ponía mesas donde había tamales, sopes, tacos, pozoles, atole, ponche, aguas frescas de frutas, té caliente y café. Ponían señores con costales de cacahuates; naranjas, limas, jícamas, cañas, peras y unos caramelos especiales de navidad.

Les daban bolsas a toda la gente para que al irse; las llenaran de frutas. La gente pasaba una noche feliz en familia.

Yo recuerdo estas posadas como algo maravilloso. Dios le dé descanso y paz al alma del Sr. Colin; por haber hecho feliz a tanta gente. Si cada uno de nosotros hiciéramos algo así, el mundo sería muy diferente.

Tomasita

Otra persona que recuerdo con mucho cariño, una señora muy pobre y humilde, pero tenía un corazón más grande que su propio cuerpo. Ella nos llevaba a caminar a los niños de nuestra vecindad: Socorro, Eva, Ezequiel, Lucha, Herminio, Alfredo y yo.

Pero a ella no le gustaba caminar tarde, teníamos que salir a las 5 de la mañana, siempre nos llevaba al cerro, y nos hacía ver qué hermoso se veía el cielo al amanecer.

Ella nos decía, shhhhhhhh, cállense, escuchen el silencio de la mañana, y nos decía que nos detuviéramos a ver cómo nacían los hongos; y cómo crecían en unos minutos.

Ella decía que los hongos siempre nacen en la madrugada, nos sentaba en las piedras a observar cómo se movían las nubes; y siempre les encontraba alguna forma humana, o de un animal o flor.

Con ella aprendí a comer caracoles, y tacos de quelites con salsa verde. Cierro los ojos, y puedo verla poniendo los quelites en el comal; les ponía sal y cebolla, los tapaba con una cazuelita y en un momento, ya estaban listos, ella ya había hecho las tortillas.

Qué bendición fue Tomasita en mi vida. Gracias a Dios, por mandar a esta mujer a mi vida.

Rosa Enríquez

Cata y Don Juan

Estos señores eran nuestros vecinos, y también me querían mucho. En el pueblo no había agua para lavar; pero en el cerro había una barranca muy honda, llena de helechos. Allí había unas piedras muy grandes, cuando llovía se juntaba mucha agua; y Cata iba a lavar su ropa, mientras ella lavaba, Don Juan juntaba leña y me hacía un columpio en algún árbol.

Después, Don Juan prendía lumbre, cortaba nopales, calentaba tortillas, comíamos nopales asados y hongos asados en tacos, muy sabrosos. Cuando recuerdo todo esto, me doy cuenta de las bendiciones que ha mandado Dios a mi vida. El lugar estaba en el cerro de Ixtapaluca. Subíamos por el lado del cementerio; los pastores le llamaban la poza de San Rafael.

Estaba en una barranca hermosa, llena de vegetación y de flores silvestres. Había tunas chiquitas y muy dulces. Don Juan decía que eran silvestres, solo en el cerro crecían. Ese era nuestro postre. Yo corría cortando flores; pero nunca llegué al fondo, pues Cata me gritaba que regresara, que era peligroso.

Hoy en ese lugar solo hay casas, pues alguien vendió el cerro de mi querido pueblo. Mis amiguitos y yo, tuvimos una infancia muy feliz. Todo esto formó parte de mi niñez, pero la parte más hermosa de este tiempo, fue como llegó a mi vida la fe en Dios. Mi familia es católica, y yo recuerdo a mi madre, orando por la mañana antes de empezar el día. Yo veía una fe muy hermosa, esta fe tan viva, también la vi en mi tía Conchita.

Tía Conchita

La hermana mayor de mi mamá, ella era muy cristiana, católica de todo corazón; ella fue un ángel más que Dios mandó a mi vida. Creo que fui para ella la hija que nunca tuvo; pues no se casó, murió cuando tenía más de 100 años. Nadie de la familia sabíamos qué edad tenía, pues cuando era jovencita; los revolucionarios mataron a mi abuelita, robaron y destruyeron toda su casa, y después de ser una señorita rica, se quedó en la calle sin nada; con dos hermanas y un hermano.

A pesar de todo esto, yo nunca vi tristeza en su cara ni en sus actos, rencor, odio o coraje, al contrario; siempre nos daba ánimo a toda la familia y a todos sus conocidos, nos enseñaba a orar a Dios por las cosas buenas que nos pasaban. Por el nacimiento de un niño, por un buen trabajo, por un cumpleaños, y también por las tristezas o por una enfermedad; siempre nos daba alientos y buenos deseos.

El mes de mayo venía al pueblo, y me llevaba a la iglesia vestida de blanco, a llevarle flores a la Virgen María. El día que se conmemoraba a los muertos; ella nos enseñaba todas las tradiciones un día antes del seis de enero.

El día de los santos reyes, cuando los niños de México esperan un regalo; ella venía al pueblo trayendo en sus bolsas un regalo para cada uno de nosotros, eran cositas pequeñas, pero como éramos tan pobres, ese día nos hacía sentir los niños más dichosos. A mí el regalo más grande que me dio, es la fe en Dios, le doy gracias a Dios por mi tía Conchita; y le pido la paz para su alma.

Rosa Enríquez

Mi madre

Mi madre fue maravillosa, Dios la guió para formar nuestra familia, empezando por mi hermana mayor; Josefina.

Ella era muy buena, espiritual, tranquila, nunca la vi enojada; ni tampoco quejándose de nada. Todo en ella transmitía paz, conmigo siempre fue amorosa y comprensiva, tuvo una hija, y cuatro hijos maravillosos.

Luis y Marianito murieron cuando eran pequeños, Salvador, como ya dije antes, era conmigo tan cariñoso, que cuando yo era muy pequeña pensaba que él era mi papá.

Cuando empezó a trabajar, lo hizo en un horno donde hacían tabiques con barro para construir las casas; después trabajó en un rancho de vacas en el campo, como a una milla y media de nuestra casa.

Eran trabajos muy pesados. A mí me dolía mucho ver a mi hermano trabajando tan duro. En ocasiones llegaba yo tarde con su almuerzo, y el dulce recuerdo que tengo es que no se enojaba; y a pesar de no haber comido, porque el tiempo se le había terminado, él al verme me esperaba con sus brazos abiertos, me cargaba, me daba besos, un poco de agua, y me decía que regresara a la casa con cuidado, que no importaba no haber comido; que verme era para él lo mismo que comer.

Ahora, cuando lo recuerdo, yo creo que él ya empezaba a ser poeta, pues me hablaba con mucho amor. Tiempo después se fue del pueblo por problemas que él tuvo de juventud, pero en esos tiempos a los niños; no nos comunicaban nada de lo que pasaba en la familia.

Decían que eran cosas de adultos, yo solo vi que un día mi hermano ya no estaba en la casa. Para mí esto fue muy doloroso, pues sólo oía que mi hermano había hecho algo mal, y que nunca iba a regresar, yo lloraba mucho por las noches, primero porque me preocupaba por él, y también porque era el único que me daba cariño. En ese tiempo, en el cine había una película de Pedro Infante, y una niña que se llamaba Chachita. Salvador siempre que llegaba, extendía sus brazos y me decía: venga para acá mi "Chachita," me abrazaba y me besaba. Esto para mí era maravilloso; y siempre me siguió llamando Chachita, pero al irse esto se acabó.

Pasaron como cinco años y una madrugada, se escuchó en la ventana de nuestro cuartito una guitarra; y empiezan a cantar una canción que se llama "Mi chacha linda" y dice así: "chacha, mi chacha linda, cómo te quiero mi linda muchacha".

Era mi hermano Salvador, que en ese tiempo había aprendido a tocar guitarra, y allí estaba en medio de la noche cantándome; Chacha. Yo lloraba adentro al reconocer su voz. Por eso, al recordar todo esto, veo que Dios me mandó cosas muy duras a mi vida; pero me dio regalos como este. Gracias Dios mío.

Salvador regresó para quedarse en el pueblo, y nos dimos cuenta que había aprendido a tocar la guitarra y el acordeón y cantaba precioso. Puedo decir con mucho orgullo, que fue un gran músico y un cantante muy versátil; pues cantaba boleros, rancheras, canciones tropicales, huapangos, tangos, música veracruzana, y la música de las huastecas. Escuchar sus canciones y su música era una delicia.

Rosa Enríquez

Mi hermano Salvador cometió muchos errores; tenía muchos defectos, ofendió a muchas personas, a su familia, pero al mismo tiempo tenía grandes cualidades. A mí me hizo muy feliz, y me lo hizo sentir. Le pido a Dios descanso para su alma. Se casó con Eva Olvera, tuvieron un hijo y tres hijas.

Mi hermana Lourdes

Recuerdo muy poco de su infancia, porque a ella se la llevó mi tía Luz, hermana de mamá, hacia la ciudad de México. Mi tía tenía una hija llamada Sara, ella ya estaba casada y tenía hijas. A Lourdes se la llevaron para que ayudara a mi prima, con la atención de sus niñas.

La mandaron a la escuela y le compraban ropa; y todo lo que necesitaba, yo la veía muy poco, cuando creció se casó con un señor español, muy mayor para ella, se llamaba José Rodríguez. Él llegó a México refugiado de la guerra contra Franco, era un señor rico, sencillo y generoso.

Yo solo recibí de él, cariño y apoyo, mi hermana tuvo una hija y dos hijos. Lourdes, se convirtió en una madre muy responsable y cuidadosa con sus niños.

Cuando me casé y empecé a tener hijos, Lourdes fue para mí un apoyo muy grande. Siempre fue muy generosa conmigo, especialmente cuando yo necesitaba algo; consejo, dirección, ayuda, consuelo, especialmente en momentos difíciles.

Con mi madre fue muy buena hija, buena hermana y una excelente madre.

Mi hermano Olegario

No he conocido a una persona más trabajadora que él. Los recuerdos que tengo de Olegario Ortega; empezaron cuando tenía nueve o diez años, tengo su imagen grabada en mi mente, como el ejemplo más grande que Dios me dió.

Un niño descalzo, con sus ropas humildes, él era moreno pero estaba requemado por el sol. Mi madre tenía una cocina dónde hacía las tortillas, y siempre tenía un puerco, decía que cuando lo mataba tenía manteca para cocinar hasta que mataba el siguiente puerco; también tenía gallinas y patos para tener huevos.

Pues este niño salía temprano, y regresaba en la tarde cargando leña a su espalda; para que mi mamá hiciera las tortillas y la comida, y otros días regresaba con hierba para las gallinas y el puerco.

Conmigo era muy exigente y regañón, se enojaba mucho si yo no obedecía a mi mamá; o si no ayudaba a lavar los trastes. Parecía que quería ser como el papá de esa casa, a mí me dolía mucho cuando lo veía llegar cargando la leña, pero lo que más me dolía, es verlo descalzo, especialmente cuando hacía frío.

Olegario solo fue a la escuela como 2 años, muy chico se fue a trabajar al campo a un rancho de vacas; también a él le llevaba yo el almuerzo, pero si llegaba yo tarde me regañaba, y se ponía muy enojado.

Después comprendí que era muy exigente, porque era muy trabajador. De Olegario nunca recibí caricias porque él no era cariñoso, pero tenía un corazón del tamaño del mundo; a las únicas personas que yo le vi acariciar fueron a mi hija Paz, y a mi hija Gaby.

Pero eso sí, fue muy buen hijo, siempre se preocupó por nuestra madre y por todos nosotros. A mí me dio todo su apoyo siempre, sobre todo cuando más lo necesité; pues cuando nació mi primera hija, nació sorda, yo me desesperaba mucho y lloraba sin consuelo. Él me abrazó y me dijo: "busca el mejor doctor que encuentres, solo dime cuánto se necesita de dinero, te prometo que yo lo pago trabajando".

Años después yo estaba sola, mi esposo se había ido a trabajar a Estados Unidos por problemas en el trabajo. Mi hija Yazmin, que tenía 12 años, enfermó de un cáncer muy maligno, los especialistas dijeron que era muy agresivo, y qué tal vez viviría tres o cuatro meses.

Por medio de un programa de televisión, la Compañía Mexicana de Aviación le regaló un viaje a Disneylandia, ya que ella en su terapia de sorda decía que este era su deseo más grande.

Olegario me dijo: "toma este dinero, arregla todo y llévate al niño también; a su edad, él no comprende todo esto." "Vete tranquila. Mi mamá, Cristina y yo cuidamos de Paz y Gaby; pero sí Yazmin muere, llámame, yo voy a estar listo para traerla. Recuerda que no estás sola, aquí estoy yo".

Este fue mi hermano Olegario. Le pido perdón a Dios por él, y descanso para su alma.

Rosa Enríquez

Mi hermana Cristina

La más chiquita, fue la primera bebé que vi; acababa de nacer. Yo le ayudaba a mi mamá a cuidarla, y para mí era como mágico jugar con sus manitas; recuerdo que me asombraba ver sus deditos y uñitas tan bien formadas. Cuando ella tenía como dos meses, el señor que era mi papá se cayó del techo de una fábrica, y la ambulancia lo llevó al hospital Juárez de México. La gente decía que estaba muy grave, mi mamá se fue a cuidarlo y me dejó cuidando a Cristina; yo creo que no tenía más que nueve años y eso sí fue muy difícil, sobre todo por las noches. Mi hermanita lloraba sin parar, y no quería chupar la botella, yo la abrazaba para calentarla; y ella buscaba el pecho de mi mamá.

Fueron días muy difíciles, pero creo que ver que estábamos tan solas y desvalidas, me ayudó a cuidarla con más cariño. En el día las vecinas me ayudaban, pues yo recuerdo que entre vecinas nos ayudábamos mucho. Recordar esto es bonito y es algo que extraño. Es increíble que a pesar de la gran diferencia de edad; entre ella y yo nos hicimos muy amigas y las mejores hermanas, yo le tenía una confianza total, cuando tuve que viajar con mi hija enferma a Estados Unidos.

Mi niña Paz de 5 años, y Gaby de 3, se quedaron en la casa de mi mamá. Cristina las cuidó con mucho cariño, ella siempre quiso mucho a todos mis hijos desde que nacieron; y todos ellos la recuerdan con cariño. Para Paz y Gaby, Cristina no es solamente su tía, la consideran una segunda mamá.

Vamos a la Cumbre Abriendo Puertas

Negocio de Olegario

Cuando ella era muy jovencita, Olegario empezó un negocio, una forrajería, distribuían alimentos para toda clase de animales; y surtían a los circos con la comida para todos los animales, los dos trabajaron este negocio hombro con hombro, formaron un excelente equipo.

Pues mi hermano Olegario, a pesar de haber ido a la escuela solo dos años, llegó a ser un hombre rico y muy trabajador, llegó a tener mucho dinero y muchos negocios; pero siempre trabajaba al parejo de los demás trabajadores.

Lo mismo cargaba costales de maíz para llenar un camión, o se ponía a darle de comer a los puercos o a ordeñar; y si un camión se descomponía, le metía mano.

Y a todo esto enseño a Cristina y siempre trabajaron juntos; Olegario la quería mucho, eran muy unidos y juntos nos dieron un ejemplo de trabajo y superación.

De todos nosotros, Cristina fue la que menos problemas le dio a mi mamá, siempre estuvo al lado de nuestra madre; cuidándola con mucho cariño.

Rosa Enríquez

Esta es la familia en la que yo nací.
Mi paso por la escuela.

Fui a la primaria "Fray Servando Teresa de Mier" de Ixtapaluca; esta era la única primaria en mi época, yo deseaba estudiar una carrera aunque fuera corta, pero mi mamá no tenía dinero para mandarme a estudiar.

Yo tuve un excelente maestro, Telesforo Roldán, fue un apóstol de la educación. Él fue maestro de 5 o 6 generaciones, era el director, maestro de quinto y sexto grado, maestro de artes manuales, de educación física, de teatro, de baile, etc.

Este maestro fue otro gran regalo que Dios mandó a mi vida; pues hoy cuando platico con personas que han terminado carreras universitarias, me doy cuenta de que el profesor Telesforo, nos dio clases como si hubiéramos terminado la preparatoria.

Y todo esto lo hizo en medio de una pobreza espantosa, pues a veces ni gises había para dar las clases, los salones carecían de todo, el aire entraba por los vidrios rotos, no había sanitarios, ni agua para beber, y a los maestros les pagaban sueldos miserables.

Yo recuerdo a este maestro con mucho respeto, y sé que todos los que fuimos sus alumnos; lo recordamos con cariño y respeto. En el pueblo existe una estatua de él, desde California, le doy las gracias a quienes contribuyeron para rendir este homenaje al maestro Telesforo Roldán. Él me quiso mucho.

Un día que nos encontramos, me dijo: "Como me duele, que no hayas podido estudiar una carrera, tú hubieras llegado muy alto, porque eres muy inteligente," me abrazó y se le salieron las lágrimas, yo me fui llorando de tristeza.

Yo seguí con la idea de estudiar, me inscribí en la academia, en un curso para secretaria, y empecé a buscar trabajo para pagar la escuela y mis gastos; pasé por muchas situaciones difíciles, buscaba en anuncios del periódico.

Un día, fui a la entrevista con un dentista que necesitaba alguien que contestara el teléfono, me dijo que me sentara en el sillón donde atendía los pacientes, me dio papeles para contestar unas preguntas, y cuando menos sentí; se me echó encima y empecé a gritar y a darle patadas.

Y él trataba de ponerme unas gasas que olían muy feo en la boca y la nariz; como pude, a rasguños y patadas, me safe de él y salí corriendo, pasé otras cosas, pero esto fue lo peor; recién había empezado la academia y necesitaba trabajar.

Seguí buscando, y otra vez Dios mandó a mi vida a otra persona buena; también fue un anuncio del periódico, igual, buscaban alguien para contestar el teléfono y algo de archivo.

Cuando llegué se me hizo extraño, pues era una casa muy elegante en la colonia Narvarte; pero salió un señor muy atento, y me pasó a su oficina, él era publicista, se llamaba Policarpo, era mayor, allí vivía con su esposa, sus hijas y una sirvienta.

Rosa Enríquez

Empecé a trabajar, para mí fue cómo asistir a una escuela. Con mucha paciencia, me empezó a enseñar en qué consistía el trabajo, algo que tenía que hacer era leer la editorial de los tres periódicos que él recibía; subrayar las palabras que yo no comprendía, y buscarlas en el diccionario, escribirlas y dejarlas en el escritorio; y en ocasiones, me preguntaba sobre el tema de uno de los periódicos. Esto para mí fue un aprendizaje fabuloso, Don Policarpo y su familia, eran muy sencillos y muy cariñosos; para mí fue algo muy bueno y muy bonito en mi vida.

Por este tiempo mi hermana Lourdes se casó, su esposo como dije antes, era mayor que ella, era viudo y tenía dos hijos, la hija se llamaba Yolanda y era mayor que mi hermana. Desde el día que los conocí, fueron muy amables y cariñosos.

Yolanda era viuda y tenía dos niños, Ana y Alberto, me platicaba que ella y su esposo vinieron de México a Estados Unidos a trabajar; ella estudió en el Instituto Americano, hablaba y escribía inglés, él era dibujante.

Una señora americana los conoció, y les ofreció trabajo, era dueña de un hotel en Brownsville, Texas. Ella tenía pasaporte y visa, su esposo no tenía, dejaron a los niños en un pueblo cerca de la frontera con una amiga de Yolanda; planeaban mandar por ellos después. Ella nunca había trabajado, pues su papá era un hombre rico, pero ya casada tomó esta decisión.

Ella se hizo muy amiga mía, y me contaba todo esto llorando. Yolanda pasó por el puente con su visa, y su esposo iba a pasar esa noche por el río. Ella pasó y llegó al hotel; la señora ya la esperaba, le dio un cuarto y la puso a trabajar. Pasaron dos días, tres, cuatro y su esposo nunca llegó; creen que lo mataron cruzando el río.

Decía que la señora no la dejó ir a preguntar por él, pues esto la ponía en problemas con las autoridades. Siguió trabajando Yolanda, ella era muy guapa y agradable, con el tiempo un americano empezó a enamorarla; pero este hombre era novio de otra de las empleadas.

Entonces esta mujer, llena de celos, denunció a Yolanda a inmigración, y vinieron policías, se la llevaron. Me contaba que la sacaron por Mexicali, completamente al otro extremo de la frontera, donde estaban sus niños, me decía que anduvo día y noche buscando trabajo; hasta que le dieron trabajo de mesera en un restaurante.

Ella solo quería juntar dinero para poder cruzar todo México; y llegar a dónde estaban sus niños, pero un día, llegó al restaurante un español que vendía vino. Ese hombre era amigo de su papá, se consideraban hermanos, pues juntos habían huido de España durante la guerra; llegaron a México en el mismo barco, en cuanto la vio, le preguntó qué hacía allí.

Ella le contó todo, y él dijo: tu padre está desesperado, está como loco porque no sabe de ti, ese mismo día salieron en autobús a recoger a sus niños; y de allí a México. Ella no quería regresar, pero él la convenció. Todo esto me lo contaba, mientras nació entre nosotros una gran amistad, aunque entre nosotras había una gran diferencia de edad.

Rosa Enríquez

Tiempo después, Yolanda empezó a tener una relación con un amigo de su papá, también español muy rico, se llamaba Baltasar Verjón; un señor muy amable, él tenía un gran negocio de publicidad. Hacía los anuncios de las principales compañías de México, a él, le gustaba salir a descansar fuera de la ciudad los fines de semana; a Cuernavaca, Valle de Bravo, Tequesquitengo, Palo Bolero; etc.

A todos estos lugares donde había hoteles de lujo, Yolanda me invitaba, y así conocí todos estos lugares, que para mí eran como un sueño, ella me compraba todo lo que yo necesitaba; trajes de baño, shorts, sandalias y vestidos.

En este tiempo, empecé a sentirme como una cenicienta. Cuando regresaba al pueblo, le platicaba a mis primas y a mis amigas, mis experiencias en los lugares tan bonitos que estaba conociendo.

Yo se los platicaba con mucho entusiasmo y alegría; y no me di cuenta de que alguna de estas personas no lo tomaba bien, tiempo después, supe que pensaban que la ropa y los zapatos que estaba usando, yo los obtenía de mala manera; y en el pueblo se empezó a hablar mal de mí.

Esta situación fue para mí muy triste, yo era muy jovencita y fue algo que me afectó mucho.

Un paso por mi adolescencia

Durante los dos últimos años de escuela, hubo algunos niños que nos llevábamos muy bien y nos gustábamos; ellos para mí fueron mis amiguitos, pero cuando casi tenía 15 años, un muchacho me pidió que fuera su novia. Él se llamaba Alejandro Suárez, tenía mi misma edad; era guapo, muy callado y eso me gustó mucho.

Me sorprendió qué siendo tan jovencito; trabajaba como un hombre. Manejaba toda clase de camiones, pues su padre era muy rico, y tenía hijos con varias mujeres en diferentes pueblos, y la mamá de Alejandro era una de estas señoras. Con el tiempo, su papá se casó con una muchacha joven y bonita, le hizo una casa hermosa con sirvientes; y todas las comodidades.

Cuando Alejandro cumplió 14 años, su papá se lo quitó a su mamá, y lo llevó a vivir a la nueva casa, pero nunca lo trató como familia, lo puso a dormir en el garaje; comía en la cocina con los sirvientes, lo puso a trabajar en sus negocios. Le enseñó a manejar y lo golpeaba si no aprendía pronto; él era el que hacía los mandados. Era el chofer, y el que lavaba todos los carros; también lo mandaba a llevarles un poco de dinero a cada mujer con la que tenía hijos, todo esto me lo platicaba Alejandro, durante nuestros encuentros de novios.

Él decía que aunque muchos de los otros trabajos eran muy pesados; el que menos le gustaba era este último, pues le daba mucha tristeza la situación en que vivían sus hermanitos. Yo le platicaba, que también me sentía mal con el hecho de ser hija de un hombre casado, y que mi papá nunca se ocupaba de nosotros para nada; estás pláticas nos unieron, pues al compartir nuestras vidas nos identificamos mucho. Durante este tiempo, yo seguía mi vida y tenía muchos amigos, no sé por qué, pero era muy popular y tenía varios pretendientes.

Pero Alejandro era mi novio y yo lo quería mucho; así pasó el tiempo, yo trabajaba, estudiaba, iba a pasear con mi amiga Yolanda. Iba y venía de Ixtapaluca a México; y un día, Alejandro me buscó para platicarme que su papá lo corrió del trabajo; me dijo que se iba a buscar a una hermana que trabajaba en México, y que ahí iba a buscar trabajo. Recuerdo que él estaba muy triste, llorando, y ver llorar a este jovencito a quien tanto yo quería fue horrible.

Nos despedimos y se fue, como a las dos semanas regresó, diciéndome que ya tenía trabajo, empezó a trabajar en una compañía que transportaba material eléctrico, manejando un camión que en ese tiempo le llamaban `semai´; que es como un tráiler de diez llantas.

Yo no podía creer que este muchacho, que casi era un niño, lo fueran a mandar manejando aquel camión, y salir a ciudades tan lejanas, pero él estaba tan orgulloso y contento; que me contagió su entusiasmo.

Como al mes vino al pueblo manejando el camión; y cuando lo ví bajar, me pareció que había crecido, que se había hecho un hombre. En la semana siguiente se le veía alegre, dichoso, decía que bueno que su papá lo corrió, y hacía planes para nuestro futuro. Yo mientras tanto seguía estudiando, trabajando, seguía yendo a pasear, iba a bailar por lo menos dos veces a la semana; y seguimos nuestro noviazgo, aunque nos veíamos menos, pero a él lo mandaban a Querétaro, a Guadalajara, a Michoacán, mientras tanto yo seguía teniendo muchos amigos; y alguno me pedía que fuera su novia, pues sabían que él andaba lejos.

Entre ellos un amigo de mi hermano, Luis Enríquez, este muchacho insistía mucho más que ninguno, pero yo siempre le decía que era novia de Alejandro, y que él y yo planeábamos casarnos; nos queríamos mucho, que pensábamos igual, que nuestras vidas eran muy parecidas, creo que la separación hizo más fuerte nuestro amor. Alejandro decía que yo era su primera novia, que antes nunca se animó a pedirle a una muchacha que fuera su novia, porque se sentía muy poca cosa, sin embargo, era muy guapo. Así pasó el tiempo, y un domingo por la noche salí a bailar; el lunes cansada y desvelada, después de limpiar la casa me acosté a dormir un rato; me levanté como a las 5 de la tarde, salí a platicar con mis amigos y pasó un muchacho que se llama Juan de la Luz.

Y me preguntó: "¿no fuiste al funeral de Alejandro?", le contesté ¿qué estás diciendo?, y me dijo: "¿no sabes que Alejandro se mató?", y me empezó a platicar que iba manejando hacia Michoacán, y tuvo un accidente en un lugar que se llama Mil Cumbres; y que su funeral había sido ese lunes a mediodía.

Para mí fue una noticia terrible, fue como un terremoto en mi vida, fueron días muy tristes, lloraba desconsolada, pues yo lo quería mucho. A esa edad tan temprana conocí el dolor de que se muera el amor de tu vida; la persona a la que yo le contaba mis tristezas, y reíamos con nuestras alegrías. Yo creo que con esto empecé a conocer la muerte.

Al recordar todo esto, me doy cuenta de que por algún tiempo quedé como muerta en vida, pues trato de recordar qué pasó en mi vida. Los meses siguientes hay una laguna, no puedo recordar, con el tiempo estudiando y trabajando, seguí mi vida.

Nunca pude llorar mi dolor con una hermana, con mi madre o con una amiga, y lo más triste es que en este tiempo; yo no sabía hablar con Dios. Hoy soy dichosa, porque ahora, si estoy alegre, si estoy triste, si tengo miedo, si necesito un guía, hablo con Dios y estoy segura de que me escucha porque lo siento; y él me contesta en mi vida cotidiana.

Desafortunadamente, en ese tiempo no sabía tener esa relación con Dios nuestro señor. Después me he dado cuenta de que Dios nos manda un bálsamo que se llama tiempo, tiempo para curar nuestras heridas y tristezas.

Pasó mucho tiempo, pero poco a poco fuí recuperándome de mi dolor. La incomprensión fue lo más difícil, algunas de mis amigas sonreían con burla cuando me veían llorar; pero lo que más me atormentaba, era lo que había escuchado acerca de que las cosas tristes y malas que nos pasan en la vida, son castigos de Dios. Ni siquiera supe en ese tiempo cómo encomendar el alma de Alejandro a Dios nuestro señor; creía que lo malo que nos pasa es una injusticia.

Le doy mil gracias a Dios, que me ha dado a conocer su presencia, su misericordia, y me guía para tomar las cosas de una manera tan diferente; algunas son consecuencias de nuestros actos, otras veces es porque así es la vida.

Dios nos da la vida al nacer, y ese solo hecho es un milagro. Si por alguna razón a los minutos, horas, días o años de nacer morimos, o algo diferente pasa; el milagro es igual de grande porque de Dios venimos; y al morir a Dios regresamos.

Y si seguimos aquí, Dios siempre está cerca de nosotros. Con el tiempo ha puesto en mi camino la oportunidad de conocerlo poco a poco. Cada día manda ángeles a mi vida, en mi madre, en mis tías, mis hermanos, mis sobrinos, mis primas, mis amiguitos, mis maestros, mis amigas.

Cuando fui creciendo, yo creo que Alejandro fue un ángel en mi vida. Cuándo murió era casi niño, en este tiempo estuve muy triste, pero hoy pienso que él está con Dios; y eso me hace muy feliz.

En este tiempo en nuestro pueblo no había cine, muy pocas personas tenían radio, pero mi hermano Salvador, al regresar del trabajo se pasaba la tarde tocando la guitarra, el acordeón y cantando, y se le unieron varios muchachos y les enseñó a tocar.

Él los motivaba a cantar, algunos de ellos eran callados y vergonzosos, pero él los animaba a cantar, y yo creo que fue bueno para su autoestima; estos rústicos artistas nos alegraban los días, así seguí adelante con mi vida.

Rosa Enríquez

La historia de Luis Enríquez y Rosa Enríquez

Mi esposo y yo nos conocimos desde niños, más o menos cuando él tenía 11 o 12 años, su nombre es Luis Enríquez, y recuerdo que siempre estaba correteando a las niñas a la hora del recreo; y por esta manera de ser me caía muy mal, tal vez ya me gustaba.

Al ir creciendo se hizo muy amigo de mi hermano, y por esta razón empezó a ir a mi casa, trataba de hablar conmigo, pero a mí me seguía cayendo mal y siempre lo rechazaba.

En los bailes se acercaba a pedirme que bailara con él; y yo una y otra vez no lo aceptaba, él bailaba muy bien, era muy popular, pero a mí, su manera de bailar como si le gustará exhibirse, no me gustaba. Yo no entendía por qué, cuando pasaba enfrente a la tiendita de mi mamá, le gritaba, "suegra," y se echaba a correr. Pasaba el tiempo y Luis Enríquez, seguía tratando de tener amistad conmigo, me molestaba mucho que tratando de consolarme, me decía que no quería verme triste, que él se casaba conmigo, se me hacía un insulto, pues yo estaba viviendo un duelo.

Así pasaron varios meses, él siguió insistiendo, y un día, durante una fiesta; acepté ir a bailar con él. Me prometió que iba a bailar como yo quisiera. Tiempo después, empezamos a ser novios, un 25 de octubre, por eso una de nuestras canciones es "Lunas de Octubre".

Fuimos novios 1 año, 4 meses y un día. El 6 de marzo de 1955 nos casamos. Empezamos a vivir en una casita que era del hermano mayor de Luis, se llamaba José, le llamábamos

Pepe. Luis trabajaba en una fábrica textil. En ese tiempo, la costumbre era que la esposa se quedara en la casa para atender al esposo, a los niños y al hogar, y no había ningún lugar donde trabajaran las mujeres.

De esta manera empezó nuestra vida de casados; y en esta casita tuvimos conejos, patos, puercos. Los dos tomamos un curso para la producción de estos animales, y de abejas, sembramos flores en un pequeño jardín; salíamos a bailar con amigos y mis primas Salazar.

Nuestra alegría era la música y el baile, desde el día que empezamos a bailar; Luis, tal como me prometió, bajó el ritmo y yo lo subí. Nos gusta la misma música para escuchar: boleros, rancheras, tango, sones, música veracruzana para bailar, swing, danzón, mambo, chachachá, jazz, blues, rock and roll; pasodoble español, etcétera.

Vivíamos en la siguiente casa de los padres de Luis, su madre se llamaba Rosita; siempre fue muy buena y muy comprensiva conmigo, me platicaba de su niñez y juventud. Ella nació en un pueblo que se llama San Bernardino; muy cerca de Chapingo, en ese tiempo era un rancho donde llegaban los generales más destacados de ese tiempo.

Ella nunca fue a la escuela, me decía que su papá no quiso mandar a la escuela a sus hijas mujeres; decía que la mujer no necesitaba estudios, pues solo iba a atender a su marido. Un día, uno de los generales, el general Ángeles, se la llevó a trabajar a su casa en México, me platicaba que al ver a las señoritas leer en sus libros; ella llorando por las noches, le pedía a la virgen aprender a leer, una noche soñó que la virgen le enseñó a leer en un libro; y aprendió.

Ella solo podía leer letra impresa, no podía leer letra escrita a mano; y no sabía escribir, solo sabía escribir su nombre copiándolo de un modelo impreso. En esta casa conoció al padre de Luis; que era mozo y chofer, se casaron durante la Revolución, sus charlas eran fascinantes, me contó cosas muy íntimas que a nadie le había contado.

Empezamos a ser padres. Luis tenía 20 años y yo 19, nuestra primera hija nació el 5 de diciembre de 1955, de verdad con mi niña entre los brazos me sentía perdida; pero la mamá de Luis, que vivía muy cerca de nosotros, con mucha paciencia, me enseñaba cómo atender a mi niña.

Toda la familia estaba feliz por la nueva niña. Yo empecé a tomar mi responsabilidad de esposa y madre. Luis era campesino de Ixtapaluca, eso quiere decir que muchos líderes lucharon y dieron su vida con su lema: "Tierra para sembrar y libertad para vivir en paz".

Mucho tiempo después de toda esta lucha, el gobierno les otorgó en este pueblo dos terrenos, uno de los terrenos de Luis estaba a la orilla de la carretera México-Puebla; en esa parte empieza la montaña y está cerca del pueblo, el otro terreno está más lejos, en un paraje que se llama El Olivar.

Porque hace muchos años los españoles refugiados; sembraron muchos árboles de olivo, cultivaron aceitunas. Antes de que naciera Yazmin, fui muchas veces a llevarle el almuerzo a Luis, quien sembraba maíz en la carretera. En el olivar sembraba cebada, a mí me gustaba ir al olivar, porque recogía aceitunas, la demás gente no las recogía.

Yo podía ver que el trabajo de la cebada era muy pesado, no sé por qué, pero parecía que en ese lugar el calor era más fuerte, el agua que yo le llevaba a Luis en el camino se ponía caliente; pero Luis y yo lo veíamos muy normal, nos habíamos mentalizado a vivir así, cuidando y criando animales y cultivando la tierra.

Nunca pensamos que un día tendríamos que salir del pueblo. Luis tenía muy buena relación con su papá, sobre todo cuando trabajaban juntos en el campo. El señor se llamaba Agustín Enríquez; era alto, delgado, blanco, debe haber sido muy guapo, tenía los ojos verdes; muy agradable y atento, era un gran conversador. Conmigo fue siempre muy amable; me encantaba que me contara historias de la Revolución, y del tiempo cuando él era joven.

Cuando se casó mi hermano Salvador, fuimos a la boda a un pueblo de Jalisco, se llama Valle de Juárez, cuando regresé, Don Agustín me preguntó: ¿cómo fue todo?, le platiqué que estuvimos en un hotel pequeño, y que salimos a cenar, nos dijeron que solo vendían atole y buñuelos en una casa.

Ahí fuimos y nos sirvieron, pero el atole no tenía azúcar, le pedí a la señora y me dijo que no tenía, y que así era la costumbre de ese atole. Salimos a buscar y todas las tiendas ya estaban cerradas, la señora dijo: mojen el buñuelo en la miel y tomen el atole, así se endulza; de pronto mi madre empezó a llorar y a sollozar a lágrima viva.

Rosa Enríquez

Mi hermana Cristina y yo nos asustamos, pues nunca habíamos visto llorar a mi mamá; pensamos que le picó alguna araña, le preguntamos ¿qué pasa?, y ella llorando, nos dijo que eso le recordó que en la Revolución, su mamá la llevó a ella y a sus hermanas a esconderse con unas tías a la Ciudad de México.

Y que cada semana, su mamá mandaba a un mozo con un carro de caballos lleno de carne, azúcar, pan, y toda clase de comida; y mi mamá veía como la tía vendía todo, y a ellas solo les daba un atole blanco sin azúcar; y un pedacito de piloncillo.

Y les decía que le dieran morditas al piloncillo, y un trago al atole, y que esta situación le trajo a la mente todo el sufrimiento de aquel tiempo. La abrazamos y regresamos al hotel, pero le dije a Don Agustín, que yo tenía muchas dudas sobre la vida de mi mamá.

Pues yo sabía que había sido muy triste; pero cuando le preguntamos a ella sobre eso, se negaba a hablar, y solo veíamos su carácter duro y amargo.

Él me dijo, mira, te voy a contar algo; "la madre de tu madre, o sea tu abuela, se llamaba Teodora Isitas, era bajita, blanca y bien parecida, era una mujer muy rica, tenía muchas propiedades, era la dueña de la única tienda del pueblo. Era especial, y muy diferente a las demás mujeres; pues usaba pantalón cuando montaba a caballo. Tu abuelo, su esposo, murió muy joven. Ella quedó viuda con cuatro hijas y un hijo."

Una hija murió de parto, y le dejó a tu abuelita una niña y un niño recién nacido, tu abuelita mandó a sus hijas a México, porque algunos revolucionarios violaban a las jovencitas; tu mamá era la más pequeña, el hijo era el señorito borracho y desordenado.

Se dio de alta en los dos bandos solo por jugar; los zapatistas lo buscaban para fusilarlo. Tu abuela salió a la puerta con el bebé en los brazos; y al no contestar a las preguntas, le quitaron el bebé, y lo mataron azotándolo en las piedras. Ella les dijo: pues mátenme, pero no entrego a mi hijo.

Un pelotón de fusilamiento la mató en la puerta de su casa. Después robaron y destruyeron todo lo que encontraron en la casa; tus tías y tu madre, quedaron solas en aquella Ciudad de México revuelta por la guerra.

Y habiendo sido niñas ricas, tuvieron que trabajar de sirvientas y cómo pudieron para ganarse la vida; por eso yo te digo que comprendan a tu madre, y por eso ustedes nunca la habían visto llorar, porque yo creo que ya no le quedaron lágrimas.

Don Agustín me decía: "yo me di cuenta de todo esto, porque yo fui sirviente en la casa de tu abuela, ella era una mujer increíble, muy seria, pero de una personalidad imponente, a mí me encantaba verla cómo montaba a caballo, yo la quise mucho y la recuerdo con cariño, pues siempre me trataba como alguien de la familia. En este tiempo no había escuela, y cuando empecé a trabajar con ella, me dijo que tenía que aprender a escribir y yo le dije: ¿pero cómo?, me contestó: yo te voy a enseñar".

Y con lágrimas en los ojos, mi suegro me compartió: ¡esa bendita señora fue la que me enseñó a leer, a escribir y todo lo que se dé números! Yo estaba asombrada y le dije, pero ¿cómo puede ser si usted tiene una letra hermosa?, así es, me dijo, por qué tu abuela era muy exigente, yo disfrute mucho de sus charlas, decía que mi abuela le enseñó el hábito de leer; y él hablaba conmigo acerca de los planetas, el firmamento, la rotación y la traslación de la tierra.

Sabía las capitales de casi todos los países, tenía una manera muy especial para describir, y así por boca de él, conocí esta parte de la vida de mi maravillosa abuela Teodora Isitas; fue muy hermoso saber esta parte de mi origen, y de la vida de mi madre.

Nuestra niña estaba creciendo, yo la amamantaba con mi pecho y todo estaba bien; pero cuando Yazmin tenía como cuatro o cinco meses, notamos que no podía sostener su cabecita, y cuando le hablábamos no atendía; y no empezaba a hablar como los demás niños. La llevamos al doctor, y encontró que no podía oír, le hicieron pruebas y estudios.

Y me dijeron que su sordera era muy profunda; que era hipoacusia bilateral congénita. Para mí fue una tarde muy terrible, había ido sola a la consulta, el doctor me dijo que nunca y con nada iba a poder oír ni hablar. Vivíamos en el pueblo y el doctor me dijo: no se quede en el pueblo, traiga a su niña a la ciudad de México para que la ponga en una escuela especial; donde le van a enseñar a leer y a escribir.. Esa, va a ser la única comunicación que esa niña va a poder tener.

Esa noche regresé al pueblo llorando amargamente, con mi niña en los brazos. Una vez más, considero que mi desesperación fue más grande; por mí falta de comunicación con Dios.

Al llegar a la casa llorando, le comuniqué a Luis todo esto, y le dije que necesitábamos irnos a la ciudad a atender a la niña; él también lloró mucho, nos abrazamos, nos consolamos mutuamente, y decidimos irnos a la ciudad.

Pero al otro día, Luis me dijo que le comunicó a su papá lo qué sucedía y nuestra decisión, y que su papá dijo que esto era una locura. Irnos a vivir a la Ciudad de México era imposible, que Dios nos mandó así la niña; y que nos conformáramos. Luis también me dijo que no podía dejar a sus padres, le contesté que yo sí me iba a ir.

Que yo solo tenía madre, pero que yo sí la dejaba porque mi madre tiene todos sus sentidos y ya vivió su vida; y nuestra niña necesita esta atención, le dije; te aviso que yo me voy aunque me vaya sola, y no sé ni cómo.

Toda mi familia, mis hermanos y mi madre me apoyaron hoy lo recuerdo; y estoy segura que solo Dios me pudo mandar esta valentía, enfrentar todo esto, porque ciertamente el papá de Luis tenía razón, nuestra situación económica era muy difícil; no contábamos con nada.

Rosa Enríquez

Yo ni siquiera trabajaba, y no era más que una muchachita desesperada de 19 años, que no sabía ni cómo se había convertido en madre. Tristemente, en ese tiempo, ni siquiera me di cuenta de la fuerza que me impulsó a luchar contra la adversidad.

Tuve una discusión con el papá de Luis; la única que tuve en mi vida con él, porque siempre lo respeté, pero dos días después de todo esto, vino por la mañana a hablar conmigo. Me dijo que dejara de pensar en esa estupidez, que yo no me podía ir, que no se me olvidará que era yo casada y que mi obligación era obedecer a mi esposo; que yo no me mandaba sola, que un juez me había casado.

Y que si yo me iba sin el permiso de mi esposo, ese mismo juez me castigaba. Yo le contesté, pues me voy el próximo lunes, vienen usted y el juez, y vamos a ver si me voy o ustedes me impiden ir a buscar la curación de mi niña. Toda mi familia me apoyó, mi hermana Lourdes le platicó a su esposo la situación; él era muy comprensivo y cariñoso, vino al pueblo y me dijo: "Mira Rosa, yo te ofrezco la casa y comida para que atiendas a la niña," y así fue; arreglé nuestra ropa y ese lunes como le dije a mi suegro.

El principio de un duro caminar

Me fui con mi niña, nadie vino a detenerme, Luis y yo nos despedimos llorando; y me dijo que después me llevaría dinero, y así lo hizo. Ese día llegué a la casa de mi hermana, y al otro día empecé a llevar a Yazmin a una escuela para niños sordos, estaba en la colonia Guadalupe Tepeyac; Luis venía a dejarme dinero, y yo regresaba al pueblo los fines de semana.

Unos meses después, Pepe, el hermano de Luis, nos dijo que buscáramos apartamentos cerca de la escuela; y que él y su esposa se juntaban con nosotros para pagar la renta. Allí vivimos por un tiempo las dos parejas; Luis y yo compramos una máquina de tejer, y hacíamos prendas para ayudarnos con los gastos.

Seguí llevando a la niña a la escuela, algo que me llamó la atención desde el principio, fue que a los padres no nos permitían llegar cerca de los salones; teníamos que entregar a los niños en la puerta, y no se nos permitía pasar adentro.

La oficina daba a la calle, y si teníamos preguntas o queríamos arreglar algo; solo podríamos entrar a esa oficina. Como yo tenía todo el tiempo solo para atender a la niña, deseaba ayudarla en su rehabilitación; hablé con el director y le dije que yo deseaba ayudar en la escuela y quería participar, me dijo: "que eso no estaba permitido". Esto me extrañó y empecé a ir a la escuela a diferentes horas, y un día que estaba la puerta abierta, me metí, eran como las 11 o 12 del día.

Encontré el salón donde estaba Yazmin, y no había ningún maestro, estaban todos los niños alrededor de una mesa; tenían un estante en medio y a lo largo de la mesa con velas prendidas. Soplaba cada uno para apagar su vela, y después uno de los niños las volvía a prender con cerillos; algunos se asustaban, otros lloraban y a algunos les gustaba como de juego.

Pasé en ese salón como una hora, y nunca llegó un maestro, seguí buscando en otros salones; estaban los niños gritando, saltando, aventándose los libros y cuadernos. Hasta el fondo había un cuarto con mesas; ahí estaban los maestros y maestras tomando café y fumando, hablé con ellos, y dijeron que solo estaban tomando un descanso de 10 minutos; fui con el director y me dijo que "yo había hecho muy mal al romper las reglas".

Que estaba prohibido a los padres entrar a los salones; esto no me gustó. En las semanas siguientes fui viendo cosas muy irregulares, por un tiempo estuve observando, y pude darme cuenta de que en ese lugar no atendían a los niños; solo los mantenían encerrados en los salones, y por la tarde se los entregaban a sus padres. Luis y yo hablamos sobre esto, y decidimos regresar a Ixtapaluca a la casa de mis suegros.

Yo me sentía muy desesperada, pues veía un futuro muy difícil para mi niña; las personas al verme llorar, trataban de darme consuelo con su buena voluntad, una persona me dijo que le pidiera al padre; que le pusiera a la niña la llave del Sagrario en los oídos y en la boca.

Yo fui y el padre me regañó, me dijo que esas eran supersticiones y brujería, que yo me conformara y me quedara en paz. Otra persona me dijo que vistiera a la niña con el hábito de San Martín de Porres; la madre de una amiga, al salir de misa me pregunto: ¿por qué lloras tanto?, yo le conté por qué.

Y asustada me dijo: que habrás hecho muchacha para que Dios te castigue de esta manera; otras muchas cosas me dijeron, yo me sentía abrumada, desesperada, todo esto me afectó mucho, hasta soñaba a la señora que me dijo que era castigo de Dios; pero nunca la vestí de ningún Santo.

Yo a los Santos los respeto, y creo que puedo aprender de sus vidas ejemplares, pero empecé a hablar con Dios directamente; y Dios me escucha en este tiempo, ocurrió algo inesperado, había llegado al pueblo una señora muy rica, dueña de una fábrica.

La señora Lambarri, yo la conocí en unas clases que promovió para las mujeres del pueblo de corte y confección; un día me mandó a llamar con su chofer, yo me sorprendí porque ella no se relacionaba con nadie; me dijo supe que lloras mucho. Dime qué te pasa, yo te aprecio.

Le platiqué mi situación, y le platiqué lo que me dijo el sacerdote y la señora saliendo de la iglesia: que era castigo de Dios. Ella me abrazó y me dijo, primero piensa en esto; Dios es nuestro padre y él no nos castiga, ¿tú castigarías a tu hija por algo que no ha hecho?, habla con Dios.

Rosa Enríquez

Pídele que sane tu espíritu, dale gracias porque te mando esta niña, dile que tú sabes que él es amor, y ama a esta niña, y que tú quieres cuidarla y ayudarla; para que pueda vivir en este mundo, pero que estás confundida que no sabes cómo. Dile que te enseñe por donde caminar con tu niña.

Que te muestre los caminos que necesitas conocer; que te muestre las puertas que debes tocar, pero primero piensa si quieres pedirle todo esto a Dios, o lo que tú quieras, tómate tu tiempo y entrégale tu corazón para que te lo sane; cuando estés lista para pedirle su guía.

Hazlo donde tú quieras, te vas tú sola al cerro, al campo, en tu casa, o vas a la iglesia, no necesitas hablarle al padre. Arrodíllate ante el Sagrario, y pídele a Dios que te guíe que te abra el camino, y al sacerdote perdónalo, lo mismo a cualquier persona que te diga cosas que te lastiman, no les pongas atención. Salí de aquella casa tan tranquila y así lo hice.

Esa parte de mi vida siempre está presente en mi mente, le doy gracias a Dios por mandar a esta señora a mi vida. Cuando alguien se burlaba de mi hija porque no podía hablar, me recordaba de esta señora y seguí adelante.

Las bendiciones llegaron a su tiempo

Tiempo después, un amigo de Luis nos aconsejó llevarla al hospital infantil. El día que la llevé, al ir subiendo las escaleras, recordé las palabras de la señora Lambarri, miré al cielo y le pedí a Dios nuestro señor su guía. Nos atendió un médico muy atento, otorrinolaringólogo que revisó a la niña, me hizo muchas preguntas y me dijo que el diagnóstico era correcto; la niña tenía sordera total y por esa razón no iba a hablar.

Me habló de una escuela donde con un método de Estados Unidos, enseñaban a estos niños a hablar y leer los labios; me pareció maravilloso, él me dijo, pero hay un problema muy grande, esa escuela cuesta mucho dinero, solo niños muy ricos son tratados allí. Le pedí el nombre y la dirección y me dijo: "señora es inútil, es imposible, cuesta mucho dinero", pero mire, la veo muy decidida a ayudar a su hija, aquí tiene la dirección. Regresé eufórica, le comuniqué todo esto a Luis y a mi familia, y una vez más todos nos apoyaron.

Mi hermana Lourdes y su esposo, nos ofrecieron unos cuartos que habían hecho en la azotea de su casa. Luis y yo llevamos a la niña a este lugar, se llama Instituto de Audición y Lenguaje; el dueño y director era el doctor Pedro Berruecos, una eminencia y una hermosa persona, amable, cariñoso, humilde, un cristiano.

Para Luis y para mí fue una bendición que Dios nos guiará a este lugar; para este doctor era una misión enseñar a los sordos a hablar y a superar su falta de oído. Esta fue una experiencia que marcó nuestra vida, nos dio el precio y las reglas de la escuela, el precio era exorbitante, algo que nosotros no podíamos pagar, el doctor al vernos llorando desesperados nos dijo: "que lo único que podía hacer era darnos una beca por medio precio, y que la regla era pagar 6 meses adelantados".

Hicimos cuentas, y el costo de los 6 meses era todo lo que Luis ganaba, no nos quedaría nada para el sustento diario. Como pudimos juntamos el dinero para los 6 meses, y nos pusimos a trabajar para los demás gastos, yo vendía huevos, vendía AVON, cosía ropa, hacía muñecos y payasitos de tela y los vendía.

Luis empezó otros trabajos, después de salir de la fábrica, así empezamos a llevar a Yazmin a esta escuela, la directora era la hija mayor de esta familia; y también es doctora, su nombre es Paz Berruecos. La esposa del doctor también era maestra, ellos tenían 9 hijos, una familia hermosa, vivían en una casa muy bonita con un gran jardín, se llamaba "Quinta los Once".

La maestra que atendió a Yazmin se llamaba Georgina, los niños le llamaban Didi de cariño, ella era de Checoslovaquia, llegó a México siendo niña a consecuencia del comunismo; ella trabajó con nuestra hija varios años arduamente, enérgicamente, con entusiasmo, con fe y con amor. Yo tenía que asistir a la escuela un día completo a la semana a tomar clases; y me daban tarea para seguir el tratamiento en la casa, me enseñaban a hacer carteles con las primeras sílabas y palabras que le enseñaban; el tratamiento era muy estricto, no podíamos hacerle ni aceptarle ninguna seña.

Este método lo trajo a México de Estados Unidos el doctor Berruecos; es de la escuela John Tracy Clinic en Los Ángeles, California. El propósito del método es enseñar al niño sordo a hablar y a leer en el rostro; por lectura labio-facial, así que nosotros tuvimos que aprender a hablarle despacio, y a modular las palabras, y llevarla al cartel para enseñarle a pronunciar letra por letra, usando los distintos órganos de la cara, boca, lengua y la garganta.

Para pronunciar las letras y las sílabas que componían la palabra que ella quería decir; todo esto fue sumamente difícil, la niña se desesperaba, se cansaba, lloraba y nosotros también, pero Dios estaba ahí con nosotros; y poco a poco el milagro se fue realizando. El primer día que Yazmin pudo decir una palabra completa, la maestra Didi lloraba de alegría y yo también; juntas le dimos gracias a Dios, ese día empezó la rehabilitación de nuestra niña, para nosotros fue muy difícil.

Los niños eran de familias muy ricas, y solo éramos 3 familias pobres, y nosotros los más pobres; el contrato decía que si no se cumplían las reglas, expulsaban al niño y no regresaban el dinero pagado, las reglas eran asistir un día a la semana a la clase de 6 horas; puntualidad exacta 8:00 de la mañana. Una tarde al mes, asistir los dos padres a una reunión de psicoterapia, nosotros llegábamos de regreso a casa a las 11:00 de la noche; los uniformes se debían comprar en tiendas especiales, por supuesto caras.

Periódicamente, llevaban a los niños a diferentes eventos, eso era mandatario, y se pagaba aparte, el objeto; incorporarlos a la vida cotidiana. Para mí llegar a las 8:00 era terrible, pues a los demás niños los llevaba su chofer, o la institutriz en coche, y vivían cerca de la escuela.

La casa de mi hermana estaba muy lejos, necesitaba tomar tres autobuses y cruzar media ciudad, pero con la ayuda de Dios y esforzándonos, Yazmin, Luis y yo, con la ayuda de mi familia, seguimos caminando.

La rehabilitación de la niña fue progresando, empezó a tenerle cariño a la escuela, a las maestras, a sus compañeros, sobre todo al doctor, los niños le llamaban papá Pedro.

Luis y yo nos sentíamos arropados por todos ellos; especialmente, porque entre los padres reinaba una unidad muy bonita, durante las reuniones, el doctor nos hablaba del progreso de nuestros hijos. Pero también podíamos hablar de nuestros sentimientos, de cómo nos sentíamos acerca de la situación de nuestro niño; entre nosotros dos, con la familia, con el mundo en general y a veces hasta con Dios.

Podíamos hacer nuestras preguntas o dudas; había una pregunta que casi todos nos hacíamos: ¿Por qué a mí? ¿Por qué a mi niña o niño?, el doctor nos decía, no le preguntemos a Dios, ¿Por qué?, mejor digámosle: "Dame tu mano, Dios mío, enséñame el camino por donde debo caminar con mi niña, dime qué puedo hacer para ayudarla".

El doctor nos hablaba muy enérgicamente cuando era necesario; y también con mucho cariño y espiritualidad. El día que cumplía años la escuela, hacían una misa en una iglesia que se llama el Altillo.

La señora Berruecos era soprano y pianista, sus nueve hijos y ellos dos formaron una orquesta de cuerdas; y ellos tocaban y cantaban la misa, y así en esta escuela Yazmin empezó a escribir, a leer, hablar y casi hizo su primaria.

Entre los doctores, maestros, los padres y los niños, había una relación muy bonita, algo que yo nunca había vivido. El instituto tenía un lema en la pared, había un logo con la palabra: "EFFETA". Las señoras me trataban como si yo fuera rica como ellas; en mi mundo, la costumbre era que al ser yo pobre, para dirigirme a una señora rica yo debía de decir: Señora Rodríguez o Señora Fernández, y la señora rica me llamaba solo por mi primer nombre, Rosa.

Yo debía llamarle de usted, y ella me podría llamar de tú, en ocasiones en que me dirigí a las señoras de la escuela con mucho respeto, me dijeron Rosa; háblame como tu amiga, como tu hermana, pues somos hermanas del mismo dolor, y me abrazaban con cariño.

La llegada de mi segundo hijo

En este tiempo nació nuestro segundo hijo, yo me sentía muy nerviosa, pensaba en la posibilidad de que naciera sordo también. Durante el embarazo me atendió un médico muy amable, hablé con él de mis temores, y con mucho cariño me tranquilizó y me dijo: prométame que va a estar tranquila, y yo le prometo que voy a atender su parto personalmente. Usualmente yo no asisto al parto, pues lo hacen las parteras en el hospital, pero voy a dar orden que el día que usted llegue a dar a luz a este bebé; me llamen a la hora que sea, y yo lo voy a atender, se lo prometo. Y así fue, gracias a Dios, Luisito nació el 26 de julio, una mañana llena de sol, el doctor lo levantó, me lo enseño y me dijo: es un niño hermoso.

Yazmin empezó a pronunciar palabras, las primeras palabras que le enseñaron a decir: "este es mi bebé". Unos meses después, mi esposo decidió que regresáramos al pueblo, y empecé viajar de Ixtapaluca a la Ciudad de México. Regresamos a vivir a la casa de mi esposo, una señora me cuidaba todo el día al niño; mientras yo, seguía día con día llevando a Yazmin a esta escuela. Luis y yo, veíamos con alegría que avanzaba en su rehabilitación. En la escuela conocimos a una pareja, padres de una niña que se llama Viki; los señores Agustín y Carmen Telles. Ellos, al enterarse de que yo todos los días viajaba a través de tantos kilómetros; nos ofrecieron rentarnos un cuarto en su casa, nosotros aceptamos, y empezamos a vivir en este lugar, en la calle del Toyan, Colonia Arenal.

Esto fue maravilloso, pues esta familia fue muy amable con nosotros, nos entendíamos al tener el mismo problema. La señora Carmen tenía mucha experiencia como madre, con ella aprendí mucho, era muy generosa, fue uno de los muchos ángeles que Dios mandó a nuestra vida.

Un día me dijo: hay un proyecto para familias de bajos recursos, son casas pequeñas con mensualidades cómodas, con objeto de que llegue a ser propiedad, me dio la dirección y me animo a ir. Estuve yendo a formarme en las líneas, después de dejar a la niña en la escuela por varios meses, todos los días, y mientras tanto, la señora Carmen cuidaba a mi bebé. Un día nos entregaron la casita, eran dos recámaras, una estancia, un baño, cocina, un patio y un pequeño jardín enfrente. Esto para nosotros fue una bendición de Dios, este día fue uno de los días más felices de nuestra vida, nuestro hijo Luisito tenía 4 años, él y Yazmin corrían felices; por primera vez tenían una casa y un cuarto para ellos.

Desde este lugar, seguí llevando a la niña a la escuela. Para ayudarnos con los gastos, empezamos a traer leche del pueblo para vender entre las vecinas; como era muy cremosa, empecé hacer gelatinas de leche. Se vendían tan bien, que hacía 300 gelatinas diarias, Luis empezó un trabajo extra vendiendo enciclopedias. Luisito empezó la escuela en este lugar, "La Colonia Agrícola Oriental".

En este tiempo, mi madre se puso muy enferma; ella padecía una úlcera estomacal desde que yo era niña, nunca se atendió pues en el pueblo no había doctores, estuvo muy grave, casi se muere.

Rosa Enríquez

Nuestra hija Paz

Yo estaba embarazada, nuestra hija Paz nació el 18 de agosto de 1964, el día que mi mamá fue a conocer a la niña, me dijo que al ver esta niña recién nacida sintió como si ella hubiera vuelto a nacer y siempre la quiso mucho.

En este tiempo, el doctor nos recomendó poner a Yazmin en la escuela regular y que una tarde a la semana asistiéramos al instituto, para que las maestras le ayudaran con sus clases. Fui con mi niña a una escuela pública, y el director no la aceptó, me dijo que con una niña así iba a tener muchos problemas, porque los niños son muy crueles, y se van a burlar de ella". Dijo: "yo no quiero estos problemas"; yo le dije que "los niños se portan así, porque no los enseñan a ser comprensivos con estas situaciones". Que me ofrecía como voluntaria para trabajar en esto; y "estoy segura de que van a comprender y a comportarse bien", el director me dijo que de ninguna manera la aceptaba. Una vez más regresaríamos a vivir al pueblo, y llevamos a los niños a la escuela de la iglesia, allí las monjas le amarraban la mano a Yazmin, la izquierda para obligarla a usar la mano derecha, pues ella es zurda.

Un día, Luis fue a recogerla y la encontró castigada en un cuarto oscuro donde guardaban a los santos rotos, porque no respondía a la maestra a tiempo y era muy lenta. Luis y yo hablamos, y decidimos que aunque fuera muy difícil; regresábamos al Instituto de audición, y otra vez empecé a viajar y a dejar a los niños con mi suegra, y una señora que los cuidaba.

Mi hermana Cristina me ayudaba también, yo me iba con la niña a las 6:00 de la mañana, Luis seguía trabajando en la fábrica, y en el tiempo libre trabajaba en el campo con su papá; o hacía cualquier otro trabajo con mi hermano. Fue muy difícil para él, porque mi hermano era muy exigente. Luis siempre dice que mi hermano lo enseñó a trabajar, lo enseñó a usar una pala, un martillo, le enseñó mecánica, los fines de semana trabajaba como taxista. Así pasó el tiempo, y un día, mi esposo empezó a estar enfermo, padecía dolores de cabeza muy fuertes, no podía dormir ni de día ni de noche, se sentía muy nervioso de todo, se asustaba, lloraba y gritaba, duró enfermo casi un año.

Un día, su padre sufrió un derrame cerebral, estuvo muy grave por 4 días y murió. Con esto mi esposo se hizo cargo de su mamá, la casa, los animales y los terrenos que Don Agustín sembraba; seguimos en el pueblo y viajando diario a la escuela, en la casa de mi suegra había caballos, vacas, gallinas, cerdos, varios perros y gatos.

Y un día, mientras todos los nietos de mi suegra jugaban, regresó uno de los perros del campo; se comportó muy bravo y muy agresivo, empezó a corretear a los niños y mordió a Yazmin. El perro se metió entre los caballos y mordió a un trabajador y a un caballo, el caballo se defendió y mató al perro a patadas; curamos a la niña y al señor, pero un anciano dijo que pusiéramos atención, porque eso era muy preocupante.

Luis y yo nos fuimos a dormir, al amanecer escuchamos a los caballos, pateaban y relinchaban, mi esposo se puso una chamarra y salió a ver qué pasaba. Oí gritos, me levanté y abrí la puerta, pero Luis me gritó muy asustado: "no salgas, cierra la puerta, es peligroso".

Después, nos platicó que un caballo quería morder a los otros, Luis se metió para apartarlos y el caballo se fue contra él, pero gracias a Dios el caballo mordió la chamarra, lo zarandeó contra las trancas; Luis logró sacar los brazos y brincó. Corrió a buscar ayuda con un compadre, le dijo lo que estaba pasando, y este señor vino con un rifle y mató al caballo. Cuando oímos la descarga del rifle, salimos, y fue espantoso ver esas escenas, aquel charco de sangre y Luis llorando. Mi compadre que nos ayudó se llamaba Adrián Ochoa, fue un tiempo terrible

Vinieron los ingenieros y los veterinarios de agricultura, dijeron que efectivamente era rabia, y que este mal era muy peligroso, mataron a todos los animales de la casa; ordenaron llevar a Yazmin y al trabajador a vacunar, fueron 40 inyecciones, una cada día.

Teníamos que ir a Chalco, un pueblo cercano, pues en Ixtapaluca no había servicios médicos. Estas inyecciones eran muy dolorosas, la niña lloraba mucho, y no podía entender de qué se trataba, pues su comunicación todavía no era muy amplia.

Para todos nosotros fue una experiencia muy dolorosa, pero lo peor, fue que los hermanos de Luis, que vivían en la ciudad y no batallaban con todo; hicieron culpable a Luis de todo esto que pasó. Dijeron que no había sabido cuidar la casa y los animales de su padre, empezaron a pelear con Luis, y empezamos a vivir situaciones muy feas.

Gaby, nuestro cuarto retoño

Unas semanas más tarde, el 06 de octubre de 1966, nació nuestra cuarta hija Gaby. Nació en la clínica del Seguro Social en Ayotla, fue una mañana hermosa, fresca, fue el parto menos doloroso; gracias a Dios nació sana y muy linda.

Los hermanos de Luis siguieron culpándolo y peleando con él; la convivencia cada día era más tensa, y decidimos regresar a nuestra casita de la Colonia Oriental. Ahora con cuatro hijos, todos ellos han sido muy buenos niños y muy obedientes, Yazmin siguió con sus clases en el Instituto, y Luisito en la escuela primaria.

De pronto, Yazmin empezó a padecer una tos muy fuerte, los médicos le dieron todos los medicamentos que existen para la tos; hasta le hicieron radiografías y pruebas para la tuberculosis, al mismo tiempo, tenía un dolor muy fuerte en el costado.

El doctor, dijo que tal vez era algo nervioso por su mismo problema de no poder comunicarse, mientras tanto, Luis empezó a tener problemas en el trabajo con los líderes del sindicato, la relación con ellos, que siempre había sido tranquila, se volvió muy hostil.

Unos amigos que estaban en Chicago, lo invitaban a irse a trabajar con ellos, por esos días me visitó una amiga que había emigrado a California; Ruth Mancilla. Al darse cuenta del problema, nos dijo que si Luis se iba a Los Ángeles, ella lo podía orientar para buscar trabajo.

Rosa Enríquez

Por semanas lo estuvimos pensando, y en estos días, a Yazmin le apareció una pequeña bolita en un costado, la llevé al doctor y dijo que tal vez era un quiste o grasa, que si no desaparecía con el tiempo se la quitaba; que era algo muy sencillo. Mientras tanto, Luis arregló el pasaporte y la visa, y decidió viajar a los Ángeles, lo despedimos muy tristes los niños y yo.

Al poco tiempo, una mañana, Yazmin me llamó al baño llorando, me enseñó la bolita, me dijo que le dolía mucho, de la noche a la mañana la pequeña bolita había crecido tanto, como una naranja. Los dolores eran tan fuertes, que desesperada encargué a los niños y me la llevé al Seguro Social, me formé para pedir consulta. Cuando llegamos con la señorita que me atendió, me dijo: no la podemos atender, su tarjeta dice que la niña tiene cita hasta dentro de tres meses, regrese en esa fecha.

Yo empecé a suplicar que por favor me pasará con el doctor, que me preocupaba mucho ver que de la noche a la mañana, la bola había crecido tanto; y que además los dolores eran muy fuertes. La señorita empezó a gritarme y empujarme, para qué me quitara del escritorio.

En ese momento pasaba un doctor, y con los gritos se detuvo, me dijo a ver un momento, de qué se trata, escuché que un tumor creció de ayer a hoy, a ver cómo está eso; expliquenme.

Yo la voy a escuchar. Le expliqué todo y me dijo: vamos arriba, yo voy a revisar a la niña, la pasó al consultorio y después, salió y me dijo mire: yo voy a atender personalmente a su niña, porque veo que es un caso un poco raro, tiene usted mucha razón de estar preocupada.

Y la felicito por insistir, vamos a hacer una cirugía, y como dijo el otro doctor es algo sencillo, solo estará internada unos dos días, pero la cirugía la hago pronto, porque yo salgo fuera del país. Ordenó rayos x y análisis, y esa misma semana, la operó en el Hospital de la Raza del Seguro Social.

La cirugía duró más de 5 horas; muy preocupada, pregunté y me dijeron que el caso era delicado, y por eso estaba tardando tanto. Después me llamaron, y me dijeron que la niña estaba ya en un cuarto de recuperación, y que el doctor quería hablar conmigo.

Me dijo que era un caso muy grave, era un tumor canceroso que había crecido en el interior de su cuerpo; y atravesó las costillas, y que al salir fue cuando notamos esta bola grande, que le habían extirpado tres costillas, parte del diafragma y de la pleura.
Me dijo que este cáncer es muy maligno, se llama retículo sarcoma y actualmente la ciencia no tiene medicina para esta clase de cáncer; tal vez no va a vivir a más de tres meses, lo siento mucho pero no se puede hacer nada, la atenderemos hasta que llegue el fin, usted cuidela mucho, trate de hacerla feliz.

Sentí como si un terremoto me cayera encima, yo creo que no puedo describir el dolor, la desesperación que sentí cuando el doctor me dijo que no se podía hacer nada; que mi niña iba a morir, yo estaba sola en aquel cuarto, la niña parecía que estuviera crucificada.

Estaba conectada a aparatos por todo su cuerpo, me parecía que el ruido de los monitores me taladraba la cabeza, y no saber como comunicarme con Dios fue lo más terrible. Desafortunadamente me sentía sola, desamparada, y no me daba cuenta que Dios siempre está junto a mí, al alcance de mi pensamiento, pase como diez días con la niña en el hospital.

Las madres y las maestras del instituto vinieron a visitarla; una de las madres era doctora, me dijo no es posible que sea un cáncer tan maligno, voy a hablar con el doctor.

Cuando regresó, llorando nos dijo que era verdad, se fueron a hablar, y al regresar me dijeron que iban a preparar a Yazmin para que hiciera su primera comunión; y otra señora dijo que iba a buscar que alguien le regalara a Yazmin lo que más deseaba; "un viaje a Disneylandia".

Yo me sentía aturdida y no podía pensar, la maestra Didi le enseñó a Yazmin la existencia de Dios; y cómo es que ella podía recibirlo y tenerlo en su corazón, la niña lo entendió todo y gracias a Dios, Yazmin y Luisito hicieron su primera comunión el mismo día.

Las maestras y las señoras se encargaron de todo, fue una misa hermosa, la celebró un sacerdote sordo, y sirvieron un desayuno en los jardines de la escuela; después me avisaron que nos iban a entrevistar en la televisión.

Era un programa de César Costa, y ahí, la Compañía Mexicana de Aviación, le iba a regalar el viaje a Disneylandia a la niña, todo esto fue algo milagroso; enseguida empecé arreglar las visas y los pasaportes para el viaje.

Mi madre y mis hermanos me ofrecieron cuidar a las niñas pequeñas; Paz tenía 5 años, y Gaby 2 y medio, era mi bebé, fue muy difícil tomar la decisión de dejarlas por quince días, pero tuve que hacerlo.

Mi hermano Olegario, al enterarse del viaje que le habían regalado a Yazmin, me dijo: "llévate al niño, las niñas son chiquitas, no entienden esto, pero estoy seguro de que el cómo niño quisiera ir, toma dinero, cómprale su pasaje y arregla todo lo necesario para el viaje". Por las niñas no te preocupes, las vamos a cuidar, yo me encargo de que no les falte nada, no estás sola, aquí me tienes a mí, sí es que Yazmin muere, no la dejes allá, solo llámame y yo voy a estar listo para pagar lo que sea para que te la traigas; este era mi hermano Olegario.

Y esta fue siempre la manera como nos ayudábamos todos, cuando uno de nosotros necesitaba ayuda; los demás ayudábamos con lo que podíamos, ya sea con dinero, con nuestro tiempo o con nuestras atenciones.

Al reflexionar sobre todo esto, le doy gracias a Dios por mandarme al seno de esta familia, y así al final de agosto de 1969, viajamos a Estados Unidos. Yo sentía mi corazón roto, la mitad iba en ese avión con mi hija esperando la muerte, y mi niño un poco asustado.

Tenía 10 años pero parecía adulto, me ayudaba con las maletas, me cuidaba la bolsa, una bendición más de Dios.

Yo me sentía protegida y con una compañía, al mismo tiempo me sentía angustiada al dejar a la otra mitad de mi corazón; mis niñas chiquitas, Paz y Gaby.

Fue muy difícil reprimir las lágrimas frente a estos dos niños que se sentían sorprendidos, pero contentos, creo que solo las madres que sean separadas de sus hijos lo podrán comprender. Así llegamos a Los Ángeles, en el aeropuerto nos esperaba mi amiga Ruth, su familia, mi esposo y un chofer que mandó la compañía que había regalado el viaje. Nos llevó al hotel, pasamos la tarde con la familia de mí amiga, mi esposo, mis hijos dichosos de volver a ver a su papá, y yo feliz.

Creo que esa tarde, me olvidé de que nuestra hija estaba pasando con nosotros sus últimos días, más tarde llegó al hotel un empleado de la compañía de viajes, a entregarme los horarios de los lugares a donde nos llevarían: Disneylandia, Estudios Universales y Knott's Berry Farm.

Todo estaba pagado, y los niños disfrutaron al máximo, a Yazmin no le habíamos dicho la gravedad de su salud; en esta situación la sordera ayudó en una forma definitiva, por eso veo que la frase que a veces decimos: "no hay mal que por bien no venga", es tan cierta.

Uno de esos días, al regresar al hotel me esperaba una señora, me dijo que era la esposa del patrón de mi esposo; ella se llamaba María Moreno y era periodista; me dijo que se enteró por su esposo que nuestra hija había hecho este viaje por su enfermedad.

Empezó a preguntarme sobre la situación de salud de Yazmin; y me dijo que sí yo le permitía escribir en su revista un reportaje sobre la vida de la niña, yo le dije que sí, por las tardes nos esperaba, me hacía preguntas y un fotógrafo tomaba fotos.

Como a los diez días, regresó con la revista, ese día iba a salir, me dio las gracias y me dijo que quería agradecerme de alguna manera, yo le contesté que no, que yo lo había hecho con mucho gusto, pues ellos le daban trabajo a mi esposo. Ella me contestó, primero permítame decirle cuál es mi propósito, y luego usted me contesta sí o no, y yo la voy a comprender, al enterarme de que el cáncer de la niña es tan maligno y que la ciencia no tiene medicina.

Yo me puse a investigar, con el fin de ayudar en algo, y encontré un lugar aquí en California que se llama la Ciudad de la Esperanza; City of Hope. Fui a tomar toda la información, y me dijeron que ellos se especializan en casos sin esperanza, que una gran parte del hospital, son científicos que se dedican día y noche a encontrar las medicinas para esos casos.

La señora Moreno, un ángel del cielo

De tal manera que si llevamos a Yazmin allí, y verifican que su enfermedad no tiene esperanza; el hospital la acepta, yo le contesté: pero nosotros no tenemos dinero. Ella me dijo: también lo pregunté, los directivos del hospital me dijeron que en este lugar, paga el que tiene posibilidad.

Para la persona que no tiene dinero, lo atienden sin ningún costo, este hospital lo fundó y lo sostiene la comunidad judía; y donativos de todo el público. Después me preguntó, solo necesito saber si usted quiere llevarla; y cuántos días le dio el departamento de inmigración de permiso para estar en Estados Unidos.

Le contesté: me dieron un mes; 15 días de paseo, y 15 días más. Me dijo fantástico, ahora usted me contesta inmediatamente, le dije señora, gracias a Dios y gracias a usted por todo eso, claro que acepto. Para el siguiente lunes la señora Moreno ya había arreglado la cita en el hospital; fue un poco difícil, porque el hospital requiere el expediente del enfermo donde se verifica todo acerca de la enfermedad, y de esta manera saber que la clase de cáncer es y que no hay un tratamiento.

Yo no traía conmigo ningún récord de la enfermedad de la niña; solo mi palabra, me explicaron que no podían aceptarla porque muchas personas llegan al hospital; solo porque los síntomas son iguales a otra persona, y resulta que ocupan el lugar, el tiempo, y son personas que no sufren de algo tan grave; por ellas dejan sin atender a alguien que si lo necesita.

La señora Moreno sabía que el caso era verdadero, y luchó con todos los medios, buscó ayuda del único club de personas mexicanas que daban un donativo anual al hospital; buscó la ayuda del City Hall de Los Ángeles, pidió ayuda a la señora Raquel Gallegos.

Ella era un miembro del Concilio de la ciudad de Los Ángeles, era la presidenta del club de personas mexicanas, y daba servicio a este hospital como voluntaria por más de 10 años, esta señora nos ayudó mucho.

Su intervención fue decisiva para que el hospital aceptara a la niña sin el expediente médico; a los siguientes diez días, Yazmin fue internada en City of Hope, y empezaron a hacerse todos los estudios que necesitaba.

A mí y a Luisito, nos llevaron a la villa que tiene el hospital para los familiares de los enfermos que no viven en California. El departamento tenía una recámara, salita, baño y cocina, todo esto lo arreglaron la señora Moreno y la señora Gallegos; por las mañanas desayunábamos en la cafetería, y enseguida me iba al hospital a atender a la niña, a mi hijo lo dejaba en la sala de espera con algún cuaderno y colores; le recomendaba que se portara bien, y que no se moviera de donde yo lo dejaba. Al mediodía servían el lonche a los niños, y los ponían a dormir.

Mientras tanto, el niño y yo íbamos a comer a la cafetería, por la tarde regresaba a atender a la niña, y mi hijo me esperaba en el mismo lugar.

Rosa Enríquez

Luisito, mi niño, fue como un bálsamo que Dios me mandó en medio de tanto dolor, pues con mucho cariño me consolaba; un día, el Consejo del Hospital decidió que ese niño no podía estar allí solo.

Pero las empleadas y las trabajadoras sociales, opinaron que ese niño no daba ningún problema; que era muy quieto, tranquilo y respetuoso. La terapista del hospital, Mrs. Quickly, ofreció darle espacio en las actividades de los niños enfermos, y así, Luisito empezó a tener relación con los niños internados.

El señor Roberto Rodríguez, el policía del hospital, ofreció por las tardes pasar un tiempo con él; cuando llegamos al hospital, únicamente había una señora mexicana con un niño enfermo de leucemia. Ella era de Villahermosa, Tabasco, se llama Luisa María Celis. Era la única persona que hablaba español, desde que llegamos se portó muy amable y cariñosa con nosotros, me dio mucha orientación, comprensión y cariño, pasamos en este hospital muchos meses, Carlitos, su niño, finalmente murió, y entre nosotras nació una hermosa amistad; que hasta ahorita ha durado más de 50 años.

Somos familia, así transcurrieron nuestros días en este lugar, por la noche cruzábamos el jardín para ir a la villa a dormir; cada día Yazmin sufría dolores más fuertes.

El hospital se comunicó con el Seguro Social de México, pidiendo el récord médico de la niña, contestaron que no podían mandar estos récords; porque pertenecen al Seguro Social, y no pueden salir de México. Los médicos de City of

Hope, me dijeron que no tenían manera de hacer una biopsia para empezar a atenderla.

Los dolores eran cada día más fuertes, y una tarde, Yazmin empezó a gritar de dolor, y me señaló un lugar en su vientre, era un tumor. Llamé al doctor, y cuándo terminó de revisarla me dijo: "que bueno, el cuerpo de Yazmin nos va a dar la respuesta que México no quiso mandar".

Vamos a prepararla para operar, la pasaron a un cuarto muy grande en frente a la estación de enfermeras; y me explicaron que en ese cuarto había todos los aparatos y la tecnología que ella iba a necesitar, que la cirugía duraría más de 5 horas, y que iba a ser complicada, yo había visto que todo el trato era excelente, le pedí su bendición a Dios; el niño y yo nos sentamos a esperar el resultado.

Cuando trajeron a la niña al cuarto, el doctor me llamó y explicó que el tumor se desarrolló en un ovario: y le extirparon el ovario. Los días siguientes Yazmin estuvo muy grave, con dolores muy fuertes, quedó muy débil, tardó como tres semanas para poder caminar. Examinaron el tumor, y si era la clase de cáncer que en México me habían dicho; Retículo Sarcoma, pero City of Hope, aún no tenía el medicamento.

Mi esposo venía a cuidar a la niña por las noches, pues nos dijeron que en cualquier momento podía morir. Nos orientaron para que arregláramos el funeral, mi esposo no quiso y yo tampoco; pues deseábamos con el alma que se salvará.

Rosa Enríquez

El policía que trabajaba de noche se llama Roberto Rodríguez; y siempre llegaba al cuarto a preguntarme si necesitaba ayuda, pues por la noche, era la única persona que hablaba español.

Una noche me encontró llorando, y me dijo: "lo único que podemos hacer es una oración a Dios, para que la ayude con lo que suceda", me dijo: conozco un lugar donde hacen oración las 24 horas del día, vaya a encargar a la niña con las enfermeras, y vamos a hablar.

Me llevó a la entrada principal del hospital, donde había teléfonos públicos, pues en ese tiempo no había celulares. Marcó y pagó la llamada, pues era al Estado de Missouri, y me dijo: cuando conteste, usted le dice la situación de Yazmin, y pida que hagan oración por su vida, háblales en español pues yo voy a pedir en español, lo hicimos. La persona que me contestó, lo hizo con mucho amor y paciencia.

Es un Centro Mundial de Oración Ecuménico, se llama Silent Unity, editan una revista mensual de reflexión sobre la Biblia que se llama La palabra diaria; el señor Roberto, me regaló la primera suscripción.

Y yo la he renovado por más de 50 años, les regalo a mis hijos y nietos la membresía, pues la editan en varios idiomas, y es muy hermoso que en ocasiones una de mis hijas o mis nietas; me llamen para compartir la lectura de ese día.

Ellas la reciben en inglés, y yo en español, pero la lectura siempre es igual, esto ha sido de mucha bendición. Los días siguientes a la cirugía, Yazmin los pasó muy grave, un día le dije al doctor que yo estaba pensando regresar a México.

yo no quería que la niña muriera tan lejos de nuestra familia; me contestó: si usted así lo desea, solo permítame esta noche mostrarle algo, la encuentro a usted aquí en el cuarto de la niña a las 12 de la noche, el doctor llegó y cruzamos todo el hospital.

Llegamos a un edificio, subimos en elevador a los pisos de arriba. Me acercó a una pared de cristal, dónde se ve todo el piso de abajo, nos acompañaba el señor Roberto, el policía, pues cuando querían decirme algo muy importante, si era por la noche lo llamaban a él; y de esta manera el doctor me dijo: mire, estos son los laboratorios de City of Hope.

Aquí trabajan cientos de científicos de todo el mundo, aquí no se descansa ni un solo minuto de las 24 horas del día; buscando la medicina para las diferentes clases de cáncer que sufren nuestros enfermos, para los que no tenemos medicina, entre ellos está el que sufre Yazmin; y todos aquí mantenemos la esperanza de que en cualquier momento la encuentren.

Si usted toma la decisión de llevarse a la niña, yo respeto su decisión, solo me daría mucha pena. Regresamos, el señor Roberto me llevó a la villa, y al despedirse me dijo: "piénselo bien señora, ya está aquí, yo me imagino que con el dolor tan grande que usted siente, usted no se ha dado cuenta de todo lo que ha avanzado en este propósito de que esta niña sane"; buenas noches.

No pude dormir, le pedí a Dios su guía, y me di cuenta de que tal vez la desesperación de estar tan lejos de mis dos chiquitas Paz y Gaby, me empujaba a irme. Pero saber tan a fondo la posibilidad de que encontraran la medicina; y al mismo tiempo, saber que si me llevaba a la niña, seguiría debatiéndose en medio de esos dolores espantosos, y sin ninguna esperanza.

Dios me había guiado hasta la Ciudad de la Esperanza, así que decidí quedarme, trate de tranquilizarme, dándole gracias a Dios por la familia que cuidaba de mis niñas; y porque me estaba proporcionando la atención para la niña enferma.

Un nuevo tratamiento para Yazmin

Así siguieron pasando los días, y una mañana, el doctor me pidió hablar con mi esposo y conmigo. Dijo que los laboratorios ya tenían una medicina, pero no estaba aprobada, que si nosotros queríamos que la aprobaran aplicándola a Yazmin, necesitábamos firmar un consentimiento, que no había seguridad de que atacara las células cancerosas que ya existían en el cuerpo, pero si al probarla encontrarán buenos resultados, sería el medicamento para esta clase de cáncer. También nos explicó que la niña sufriría reacciones muy fuertes, mareos, vómitos, convulsiones, y que la aplicación sería muy dolorosa.

Luis y yo hablamos de esto, y tomando en cuenta que si desafortunadamente a ella no le ayudaba; la prueba serviría para otras personas.

Así que nos pusimos de acuerdo y firmamos el documento los dos, y así empezaron a aplicarle este tratamiento. Para la niña fue muy doloroso, le aplicaban la quimioterapia por la vena, y a las pocas horas, su cuerpo empezaba a reaccionar con vómitos, temblores, náuseas y desvanecimientos.

No consentía nada en el estómago, y todo lo que comía lo vomitaba, y así duraba varios días, cuando se empezaba a mejorar era el tiempo de aplicar la siguiente dosis, así pasaron varias semanas que fueron muy difíciles; pues en ese tiempo no había el catéter que hoy se usa para aplicar esos tratamientos.

Rosa Enríquez

Y a Yazmin se le endurecieron las venas de tantas aplicaciones, ella lloraba y se resistía a dejarse inyectar, pues también sabía que después venía la reacción; los doctores y las enfermeras eran muy pacientes y cariñosos, así pasaron más de dos meses y terminó el tratamiento.

Yazmin estaba muy débil, muy delgada, se le cayó todo el pelo, pero los dolores terminaron. En todo esto yo podía ver la bendición de Dios, sobre todo en este lugar City of Hope, la Ciudad de la Esperanza. En este lugar me sentí arropada por todos, desde los doctores hasta enfermeras, las trabajadoras sociales, las voluntarias, todos nos trataron con tanta comprensión y amor; que en medio de mi amargura este lugar y la gente, fueron cómo un pedazo de cielo.

Empezando desde la fuente que está en la entrada, esa familia danzando en el agua como cantándole a la vida y a la esperanza. En el centro del jardín estaba el templo, allí iba yo a darle gracias a Dios, y a ponerle en sus manos a mis dos niñas, a mi madre y mis hermanas que me las cuidaban.

Yazmin poco a poco fue mejorando, y el otro problema era que nuestro permiso de inmigración, el hospital lo mandaba renovar cada mes.

Un día, llegó al Hospital de niños un grupo de personas de los Clubs que donan dinero, en ese grupo iba un señor que cuando la trabajadora social explicó el caso de Yazmin, pidió hablar con la madre de la niña; y me dijo que sí necesitábamos ayuda con la extensión del permiso lo buscáramos a él, y me dio su tarjeta.

Él era Jefe de Deportación en la oficina de Los Ángeles, su apellido era Sheridan. Este señor nos siguió extendiendo los permisos cada seis meses. Tiempo después, le empezaron a brotar a la niña pequeños tumores en las partes no vitales; y al parecer, la medicina estaba encapsulando las células malignas y no les permitía crecer. Por esos días, empezaron a decorar el hospital para la celebración del Día de Gracias, y empezaron a preparar a los niños que podían ir a sus casas a pasar este día con su familia.

Yo escuchaba todo esto sin saber de qué se trataba; yo percibía que era un día muy importante, pues en México no tenemos esta celebración.

La trabajadora social, me preguntó que dónde planeaba yo pasar este día, le dije que yo no tenía familia ni casa; y todo el personal es tan generoso, que supe que empezaron a tratar de solucionar esta situación.

Vino la voluntaria que me ayudaba con el español, y dijo que le habían comentado esto del día de Gracias; y ella nos invitó a cenar con su familia; me explicó con todo detalle de qué se trataba ese día, a mí se me hizo muy hermoso.

Que aquellos inmigrantes hayan tomado un día para darle gracias a Dios por encontrarse en esta tierra maravillosa; y que después de sembrar su semilla, ya la pudieron cosechar. Las acompañaron con aquel pavo silvestre, y reunidos le dieron gracias a Dios, y celebraron el primer Día de Gracias.

Esa tarde, la señora Connie Peña vino por nosotros, y nos llevó a la casa de su familia en la ciudad de Alhambra. Nos recibieron su esposo Gregorio Peña, su hija, su hijo y toda la familia, fue una cena llena de simbolismo.

En la generosidad de esa familia yo sentía que el Espíritu Santo de Dios, flotaba en el ambiente. Ese día quedó marcado en nosotros, y desde ese día en la familia Enríquez; celebramos y le damos gracias a Dios por sus bendiciones. En muchas ocasiones hemos sembrado algún vegetal, como papas, elotes, calabacín, chayotes o chiles para la salsa, y los incluimos en la cena. Yo cocino un arroz con queso, crema, mantequilla, pollo y rajas de chile pasilla, se llama a arroz Enríquez, por supuesto el plato fuerte es el pavo, y la verdad nos sale riquísimo, lo acompañamos con puré de papas, ejotes, maíz y pastel de calabaza, camotes en dulce. Ese día, Luis y yo recordamos a la familia Peña con mucho cariño. Nos gustaría saber de sus descendientes, mil gracias.

Las semanas siguientes me avisaron que Yazmin salía del hospital; para regresar como un paciente externo, de pronto teníamos que salir de la villa y no teníamos casa donde vivir, pues mi esposo vivía en Los Ángeles, en un cuarto con otros hombres.

Una señora que tenía en el hospital a un niño enfermo de leucemia, al darse cuenta de mi situación me ofreció su casa; se llamaba Anita Rivera, fuimos a vivir con ella a la ciudad de Baldwin Park, el niño murió después de esos días, la señora Anita se fue a otro Estado.

Mientras buscábamos un departamento, la señora Connie Peña nos llevó a vivir a su casa en Los Ángeles; la salud de Yazmin cada día mejoraba, la señora Connie al ver mi sufrimiento por tener a mis dos niñas tan lejos, me ofreció cuidarme a Yazmin y a Luisito, y me fui a México a traerlas.

El momento en que yo bajé del avión, y pise el suelo de México, fue uno de los momentos más dichosos de mi vida; pues iba a poder abrazar a la otra parte de mi corazón. Iba a ver a mi madre y a toda la familia, a los 15 días con la ayuda de Dios, de mis hermanos y toda la familia, regresé a Estados Unidos trayendo conmigo a mis niñas, mi madre me acompañó, y estuvo aquí conmigo 6 meses.

Rentamos un apartamento en la calle Mott, en el este de Los Ángeles. Mientras tanto, Yazmin seguía recibiendo el tratamiento cada semana.

El hospital y el señor Sheridan, siguieron extendiendo el permiso para toda la familia cada seis meses, pues me decían que el tratamiento iba a durar mucho tiempo; así seguimos viviendo en esta ciudad de Los Ángeles.

Pero en una ocasión me recibió otro oficial, y me dijo que el señor Sheridan ya no trabajaba en esa oficina, y que él iba a atenderme. Era el señor Scott, cuando revisó los permisos se enojó mucho, me dijo que "por qué se me habían dado estos permisos por tanto tiempo", qué con qué derecho yo tenía a mi hija en un hospital de Estados Unidos, que él tenía un hijo desadaptado, y desafortunadamente no había lugar para él en ningún hospital.

Me recogió los permisos, las visas y los 6 pasaportes mexicanos, y me dijo que regresara al otro día por la orden de deportación. Me fui a casa llorando, a mí, no me preocupaba irme de Estados Unidos, mi tragedia era saber que en México, todavía no había medicina para el cáncer que mi hija sufría. Pero comprendí que el señor también tenía razón; llegué a la casa a arreglar las cosas para irnos. En cuanto llegué, me llamó la señora Gallegos qué me seguía guiando con los permisos, le conté lo que pasó, y llorando le di las gracias por su bondad; y ella me dijo ¿tan pronto se va a rendir?, no Rosa, este señor está equivocado.

Yazmin es atendida en City of Hope, y este hospital se sostiene con donativos, no le cuesta ni un solo centavo a Estados Unidos, y menos al Señor Scott, al contrario, de los de los donativos se pagan impuestos para gastos de esa oficina; pero si no lo sabe alguien debe hacérselo saber, no arregle nada para irse, esto no es así.

Ahorita mismo me comunico a Washington, con la oficina del congresista Eduardo Roybal, él es el congresista del distrito donde usted vive; solo esté pendiente del teléfono, yo le avisó que va a hacer mañana, vamos a pedirle a Dios que nos dé su guía.

Recuerdo que eran como las 3:00 de la tarde, a las 11 de la noche sonó el teléfono, era la señora Gallegos, me dijo: "mañana va usted al Departamento de Justicia", es el mismo edificio a dónde usted acude a inmigración, pero sube usted al séptimo piso, y busca la oficina del congresista Eduardo Roybal. La secretaria le va a entregar una carta para el señor Scott, la pone en la ventana, y este mismo señor la va a atender, cualquier dificultad, usted no firme ningún papel y pida hacer una llamada a su abogado. Llama a mi teléfono y yo voy a estar lista con el abogado de nuestro Club, y nos vamos para allá, recuerde usted no está sola, y Dios está con nosotros.

Yo sé que no necesito decirle que no pierda la compostura; y que se porte con educación. Esa mañana llegué a la oficina, subí al séptimo piso, busque la oficina y una secretaria me atendió, me dio la carta, me dijo que sabía la situación, y que si había algún problema no firmara nada y le llamara a ella; me dio su tarjeta, le di las gracias y bajé al tercer piso; puse la carta en la ventana y en menos de 15 minutos, apareció el mismo oficial.

Su voz al llamarme fue diferente, entré a su oficina, empezó a escribir y me dijo: "aquí están sus pasaportes y sus visas, hice la extensión por 6 meses y deseo que su hija sane", le contesté muchas gracias señor; yo también le deseo lo mejor para usted y para su hijo, créame que lo entiendo, porque esta hija mía además de sufrir este cáncer nació sorda, y en muchas maneras ha vivido desadaptada en este mundo; y como yo he caminado con ella lo entiendo a usted, y le deseo lo mejor.

Salí de ahí dándole gracias a Dios, asombrada al ver cómo es que trabajan aquí algunos de nuestros representantes. Llamé a la secretaria y le informé, le di gracias, también llamé a la señora Gallegos y le avisé lo que había sucedido, le di mil gracias y ella me dijo que eran las 10 de la noche cuando colgó el teléfono.

Después de pedir ayuda al Congreso, lo único que puedo hacer es dar las gracias y seguir encomendando a Dios; a todas las personas que siguen trabajando en estas situaciones; yo también trato de orientar a quien lo necesita.

El hospital arregló para que Yazmin siguiera su educación, la inscribieron en una escuela para niños sordos, se llama Marlton, está en el West de los Ángeles, bastante lejos de donde nosotros vivíamos, pero un camión la recogía por las mañanas y la regresaba por la tarde.

Para los otros niños también nos ayudaron los servicios sociales, pues en este tiempo, solo podían asistir a la escuela los hijos de residentes legales o de ciudadanos.

Tuvieron que tramitar visas de estudiante para cada niño, esto lleva muchos trámites en diferentes oficinas, exámenes de salud, fotos, etc.

Pero finalmente así pudieron los niños ingresar al sistema educativo de Estados Unidos, con la ayuda de la familia Peña. Esta es otra cara de este bendito país; y que yo deseo dar a conocer y hacer patente mi agradecimiento hoy, cuando han pasado los años y gracias a las luchas de tantos líderes de la comunidad, que han peleado como soldados en un campo de batalla por cambiar las leyes; todos los niños sin importar su estatus legal, gracias a Dios, pueden ir a la escuela y recibir educación.

Luisito empezó en la escuela Católica la Asunción, Paz en la escuela elementary Malabar, y Gaby; en un programa para antes del kínder que se llama Head Start.

Así empezamos a vivir en los Ángeles, pero no nos alcanzaba el sueldo de Luis, y yo empecé a buscar trabajo, fue muy difícil, pues no tenía experiencia; alguien me dijo que para trabajar se necesita un número de seguro social.

Fui a pedir esa tarjeta de seguro social, y me la dieron inmediatamente, en ese tiempo era así de fácil, pasé casi un mes buscando trabajo y no encontraba, alguien me recomendó buscar en restaurantes.

Mi principio trabajando en Estados Unidos

Un día vi un anuncio de que necesitaban mesera; entré, y una señora mayor muy amable me atendió, me dijo que necesitaba mesera para la noche pero con experiencia, y necesitaba empezar esa misma tarde.

Con mucho miedo tomé el trabajo, fui al departamento a avisar, y empecé a trabajar. Cuando llegué, la señora me presentó a la mesera que ya había terminado su turno; y me dijo que ella me iba a mostrar el trabajo.

Esta muchacha me llevó a un cuarto donde se hacía el café; y me dijo: "cuándo entras, tiras el café y haces café fresco", todas las cafeteras deben estar listas. Me siguió enseñando una cosa y otra cosa, y yo casi quería llorar, veía esa cafetera inmensa, y me parecía la cabina de un avión, se me quedó mirando y me dijo, ¿sabes manejar esta máquina?, conteste no, me dijo: ¿no tienes experiencia verdad?, empecé a llorar y le dije no, pero necesito trabajar, tengo 4 hijos.

Me abrazó y me dijo, no llores, la señora Francis ya se fue a dormir, yo te voy a enseñar, pero en cuanto puedas dile la verdad, la señora es muy buena y te va a entender; solo ponte muy lista y ahorita te encargo con el cocinero y demás gentes. De noche solo hay un cocinero y una mesera, pero aquí todos nos ayudamos, solo que todos necesitan saber la situación, si se te atora algo pídeles ayuda.

Y este fue mi principio trabajando en Estados Unidos, para mí, todas estas personas han sido ángeles que Dios ha mandado a mi camino; así seguí trabajando en este restaurante y después en otros.

Vamos a la Cumbre Abriendo Puertas

Seguimos viviendo en los Ángeles, Luis trabajaba como plomero, oficio que aprendió aquí, y se había comprado un carro usado, ya teníamos transportación. Así pasaron los meses, vivíamos muy humildes, pero bien, en nuestro apartamento, casi todo lo que teníamos nos lo habían regalado; lo único que habíamos comprado era una televisión pequeña para el cuarto de los niños.

Una noche, hubo una fiesta en el apartamento de abajo, muy tarde se apagó la música, se callaron los gritos de los borrachos y pudimos dormir. Luis había trabajado hasta muy tarde, haciéndole a las niñas una casita en un hueco de la pared; y estuvo usando una lámpara de pilas muy grande.

Cuando se durmió, la dejó junto a la cama, de momento me desperté y me dijo: párate despacito y prende la luz, oigo pasos en el cuarto de los niños. La luz no prendió, estaba cortada, Luis prendió la lámpara y en la penumbra; vimos a un hombre que traía cargando algo.

Yo pensé que era una de las niñas, pero era la televisión, cuando Luis lo enfocó con la lámpara; el hombre le aventó la televisión, brincó sobre él, y empezó a apretarle el cuello.

Luis lo golpeó en la cabeza con la lámpara, y yo le jalaba el cabello queriendo librar a Luis de ese hombre que lo estaba ahorcando; sentí que mis manos tenían sangre, y era que el hombre tenía una herida en la cabeza y yo tenía un dedo roto.

El hombre brincó y bajó corriendo por las escaleras, salió para la calle corriendo, los niños lloraban, todo estaba oscuro. Luis bajó corriendo tras este hombre; el vecino de junto salió y calmó a Luis, le dijo: "cálmate, yo creo que está aquí en mi casa, mi hijo llamó a la policía, pero ven, yo lo oí correr por aquí atrás de mi casa".

Tal parece que se tropezó con unos alambres que yo tengo; porque este barrio es muy violento; los vecinos sacaron lámparas y lo encontraron detrás del garage.

Luis quiso pegarle con un tubo, y el hijo del señor Hernández le dijo a Luis: "no señor, está herido y la policía ya llegó", el joven traía una toalla en la mano y se la dio al hombre y le dijo: "toma, apriétate la herida para detener la sangre mientras te atienden".

Yo considero que esa noche Dios me dio una enseñanza maravillosa, al ver a este joven con cuánta tranquilidad y misericordia calmó a Luis; y ayudó a ese hombre que aunque era un maleante, estaba herido, esa noche nació entre esa familia y nosotros una bonita amistad.

Ellos pertenecían a la Iglesia Sabatista, los días siguientes fueron terribles para nosotros, pues nos citaron a la corte, y nosotros nunca habíamos vivido algo así, estábamos asustados y desesperados, pero el señor Hernández nos dio mucha paz.

Nos dijo que él nos iba a acompañar, asistimos a la corte tres veces, y cada vez el señor Hernández dejó de trabajar para acompañarnos, para nosotros fue una ayuda bajada del cielo.

Este hombre llegaba con mujeres y hombres de su pandilla, nos veían y hablaban entre ellos, el señor Hernández se acercaba a ellos y les hablaba con mucho respeto y comprensión.

Les pedía que se cuidaran, que dejaran esa vida, que eran jóvenes y podían vivir una vida hermosa; y a nosotros nos decía que en el momento en que el juez nos preguntara si pedíamos castigo, le dijéramos que dábamos gracias a Dios, que todos estábamos bien y que dejaran de hacer eso.

Que pudo ser una tragedia muy grande, y todo por nada, porque nosotros somos tan pobres; que todo lo que tenemos nos lo han regalado, es usado y nos lo dieron por caridad. Yo me sentía muy asustada, pues pensaba que iban a meter a Luis a la cárcel por partirle la cabeza a ese señor, pero gracias a Dios no fue así.

Era un verano muy caluroso, y a mí me impresionó mucho entrar a esa corte y ver escenas que yo nunca había imaginado, pues en esos días había un hombre que se llamaba Charles Manson. Los diarios decían que era líder de un grupo de hippies que asesinó a una artista, y a muchas personas en Hollywood, ese hombre estaba preso y lo juzgaron en la misma corte; y en la misma sala donde estábamos nosotros.

Y afuera, en la calle, en las escaleras, había muchos hombres y muchas mujeres vestidos de hippies, todas las mujeres eran jovencitas muy hermosas; con las cabezas rapadas y todas tenían una cicatriz en la frente en forma de cruz.

Decían que se las hacían con un cuchillo, y que era la señal de pertenecer a ese grupo, andaban descalzas y pasaban todo el día sentadas a media calle; el pavimento ardía de lo caliente que estaba, el ambiente y toda esta gente permeancia ahí gritando; que dejaran salir a su líder.

De verdad, para mí todo esto me hacía sentir como en medio de un remolino. Los días siguientes fueron terribles, estos pandilleros esperaban a Luis cuando llegaba del trabajo, y lo amenazaban.

Luis y yo no podíamos dormir, yo me enfermé, me sentía extremadamente nerviosa, vomitaba todo el día, no podía comer, empecé a sentir temblores y pánico.

Una amiga nuestra, Yolanda Carranza, nos ofreció ir a dormir a su casa por unos días, la policía le recomendó a Luis que nos cambiáramos de apartamento; pues ellos no podían cuidarnos todo el tiempo.

Pero nosotros no podíamos, pues en ese tiempo era muy difícil, mucho menos con 4 niños. Yo estaba tan mal que no podía trabajar, un domingo salimos al parque para no dar tanta molestia a la familia de mi amiga Yolanda, en el camino nos acordamos de Luisa Maria, la señora de Tabasco, le llamamos por teléfono y nos invitó a su casa; ella vivía en Cucamonga.

Llegamos a visitarla para distraernos un poco de la situación que estábamos viviendo, cuando llegamos, a Luisa y a su esposo Carlos les dio mucho gusto, pero ella se asustó al verme tan enferma.

Les platicamos lo que estaba pasando, y le pidieron a Luis que nos quedáramos con ellos, que me veían muy enferma, muy mal. Esta familia tenía 3 hijos, y vivían en una casita de una recámara, una estancia que era cocina, comedor y sala, un cuartito para lavar y un baño. De un momento a otro, terminamos durmiendo en aquella bendita casita 11 personas. Una vez más, aquí estaban esas personas como ángeles de Dios, ofreciéndonos su casa y su cariño.

Cuando recordamos esta etapa de nuestra vida; podemos ver la presencia de Dios, y todas estas personas han seguido siendo nuestros amigos.

Luisa me puso en descanso y me daba masajes, tecitos, sopita y poco a poco recobré la salud. Pusimos a los niños en la escuela, y yo empecé a trabajar en el empaque de carne donde ella trabajaba.

Mustafá Ali y Juanita

Poco después conocimos a una pareja amiga de ellos, Mustafá Ali y Juanita. Él era de Marruecos y ella Mexicana, también nos brindaron una muy bonita amistad; y al saber la situación en que vivíamos, Mustafá que era administrador de una gran compañía de ranchos de gallinas productores de huevos; nos ofreció trabajo, a Luis de plomero en los ranchos, y a mí para inyectar las gallinas y recoger los huevos.

La compañía tenía como 10 ranchos con, 100,000 y 200,000 mil gallinas en Alta Loma, Cucamonga, Fontana, Upland, Ontario y Chino del estado de California, el señor nos ofreció trabajo y una casita para vivir.

Por supuesto la tomamos de inmediato, pues nuestra situación era tremenda. El trabajo era muy duro, yo nunca imaginé que fuera capaz de aguantar algo así; pero aunque era muy pesado, yo lo hacía con mucho gusto. Al saber que estábamos saliendo adelante, Mustafá era muy exigente, pero cuando lo recuerdo, le doy gracias a Dios por mandar a nuestra vida a esta persona.

Un día me vio llegar al trabajo, y me dijo: que bueno que manejas, pues así te puedo mandar a los diferentes ranchos, ¿tienes licencia verdad?, "le dije no de aquí no tengo", se enojó mucho y me dijo mira, aquí no andas en tu pueblo; desde mañana no vuelves a trabajar hasta que no me presentes la licencia.

Mañana pasa por ti mi esposa, te lleva al departamento de vehículos, recoges un libro, te pones a estudiar y sacas la licencia; y cuando me la traigas vuelves a trabajar.

Mi necesidad era tan grande, que en una semana estudié, pasé la prueba y volví a trabajar. Dios bendiga a Mustafá y a su familia, él nos dio su apoyo, y nos motivó a comprar la primera casa en Estados Unidos.

Nos llevó con una agente de bienes raíces, y nos recomendó como personas trabajadoras y honestas, como en tres meses ya estábamos en nuestra casa en la Ciudad de Cucamonga. La casa era hermosa, tres recámaras, sala, comedor, cocina, baño, jardín, y una yarda muy grande atrás.

A Yazmin y a las niñas las recogía un autobús; Luisito caminaba, pues su escuela estaba muy cerca, se llamaba Los Amigos. Yazmin hizo su High School en Chino, y ahí aprendió a manejar.

Paz y Gaby fueron a la escuela primaria de Cucamonga, en este tiempo, Luisito empezó a ir al grupo de Boy Scouts, le gustó mucho y siguió por años hasta llegar al nivel de Águila Scout, un nivel con mucho reconocimiento. Recibió felicitaciones del gobernador de California, Jerry Brown, y del presidente de Estados Unidos, Jimmy Carter. Luisito siguió y después llegó a convertirse en Scout Máster de una tropa.

Todos vivimos muy felices en este lugar, pues en ese tiempo, había ranchos de vacas, de gallinas, sembradíos de fresas, de uvas, campos de limones, de naranja y aguacates; nuestros niños vivieron una niñez muy dichosa.

Por un tiempo no hubo trabajo para mí, y entonces para ocupar mi tiempo, me hice voluntaria en la escuela de Paz y Gaby. Un día, el director de la escuela, me dijo que quería darme las gracias por mi trabajo.

Sabía de nuestra situación económica, y quería ayudarnos dándome un trabajo de custodia. Yo le contesté que por la clase de permiso de inmigración que nosotros teníamos; no podía yo hacer un trabajo con el Estado, él revisó nuestros documentos y se dio cuenta que no se podía, me pregunto: ¿tienen ustedes seguro de salud?, le conteste que no, me dijo: le voy a ayudar en esto. Ya que no podemos pagarle por su trabajo, la escuela tramitó un seguro médico para toda la familia, con Kaiser, una bendición más.

Cuando Mustafá supo, me dijo: "ni siquiera te puedes imaginar lo que cuesta esto", y toda la familia tuvimos seguro de salud de Kaiser, gratis por varios años. Seguí llevando a Yazmin a recibir su tratamiento en City of Hope, y el señor Scott en combinación con el hospital, siguió extendiendo todos nuestros permisos cada seis meses. Por este tiempo Estados Unidos pasó por una crisis económica muy fuerte, la crisis energética, la televisión y todos los medios de comunicación, empezaron a anunciar que las gallinas sufrían una enfermedad muy grave. Era una plaga, y mataron casi a todas las gallinas, y Luis también se quedó sin trabajo, Mustafá se dio cuenta que yo estaba desesperada, pues tenía cuatro niños que alimentar. Un día que le pregunté si había trabajo, me dijo que no había nada, pero tu me has contado que en México vendías de todo; así que te regalo estas 10 cajas de huevos, vete a Los Ángeles y vendeles huevos de casa en casa.

Yo tenía miedo de manejar en freeway, él me hizo un mapa, y me señaló todo el Foothill Boulevard, para así llegar hasta Los Ángeles por las calles. Como la situación era tan desesperada, tomé esa avenida y me fui a Los Ángeles.

Y así empecé a vender huevos entre las personas conocidas, poco a poco me fueron recomendando más clientes. Los fines de semana me ayudaba Luisito, ya con su compañía me sentía más tranquila.

Recuerdo que había unas entradas que se me hacían muy difíciles; y él con calma me decía: maneja despacio por la derecha, yo voy a ver para atrás y cuando esté libre el camino, yo te digo ahora mami; y tu aceleras.

Un fin de semana que Luisito se fue a un campamento con los boy scouts; mi esposo fue conmigo a ayudarme, se dio cuenta de que se ganaba dinero, y que mi clientela ya era grande, me dijo: "sabes, los dos podemos hacerlo mejor", y empezó a trabajar en esto conmigo. Después compramos una camioneta nueva, pues ya vendíamos huevo a mayoreo, y así nació nuestro negocio, rentamos un local en Highland Park, se llamó de "The Golden Eggs". Después de un tiempo, rentamos un local en Los Ángeles, en la calle Brooklyn; hoy Cesar Chávez, se llamó "Enríquez Produce".

La venta era de verduras frescas y huevos, ya que lo llevábamos de los ranchos, y fruta y verdura que Luis iba a traer de Fresno, Deleno y del norte de California donde se cosecha la fruta y la verdura. También surtimos la tienda en el mercado de mayoreo, de frutas y verduras de Los Ángeles.

Este lugar se cierra a las 6:00 de la mañana, así que nosotros salíamos de nuestra casa a las 3:00 de la mañana, para llegar a tiempo a comprar la mercancía. Cerramos la tienda a las 7:00 de la noche, llegamos a la casa a las 9:00, todo este tiempo yo no pude estar con mis niños; esto me duele mucho, pero era necesario.

Yazmin y Luisito se encargaban de cuidar a las dos pequeñas; me partía el corazón ver a mis hijos dormidos cuando salía por la mañana, y al regresar, casi siempre ya estaban en la cama.

Hoy, cuando recuerdo todo esto, le doy mil gracias a Dios por darnos estos maravillosos hijos; y sobre todo por cuidarlos y guiarlos, pues en los años más importantes de sus vidas, yo no pude hacerlo.

Necesitaba trabajar para traer la comida y pagar la casa, nunca pudimos ayudarles con sus tareas de la escuela, y sin embargo; todos terminaron su carrera, el milagro lo realizó Dios, y ellos siguieron la guía y fueron obedientes.

Hoy, son un hombre y tres mujeres respetuosos, honestos, generosos, trabajadores y buenos hijos de Dios; para nosotros han sido un regalo de Dios.

Aprendiendo el inglés

Luis y yo consideramos que necesitábamos aprender inglés, y nos inscribimos en una escuela de Ontario.

Asistimos un tiempo al terminar de trabajar, en esta escuela aprendimos lo poco que sabemos de inglés, para mí era muy difícil, pues el trabajo era tan duro y llegar a la casa, bañarme, comer algo rápido, para llegar a tiempo a la clase.

A los pocos minutos de empezar, la silueta del maestro se me desvanecía, por más esfuerzos sobrehumanos para mantenerme despierta; pues se me hacía una falta de respeto para el maestro y para la clase. Aun así, por milagro aprendí el inglés con el que he seguido caminando.

Al tiempo, decidí dejar de ir, pues mi cansancio era muy grande y no podía dejar de trabajar; se muy bien que esto no es disculpa, pero también sé que si alguien ha pagado las consecuencias he sido yo. Me duele mucho, pero así fue, y me duele más, porque este país maravilloso nos da las clases gratis, un día buscando escuela para Yazmin, llegamos a la ciudad de San Bernardino, mientras preguntamos en el City Hall; un señor pasó junto al escritorio, y se detuvo al oír que nosotros buscábamos una escuela para sordos.

El señor era el Mayor de la ciudad, preguntó ¿para quién es la escuela?, le dijimos: para esta hija nuestra que es sorda, le empezó a hacer señas a Yazmin, y ella le contestó, nos pidió ir a su despacho y nos dijo: "yo soy descendiente de mexicanos y mis padres son sordos"; por eso conozco el lenguaje de señas."

Rosa Enríquez

Le platicamos que Yazmin nació sorda, y en México se rehabilitó con lectura labio facial, que estábamos en Estado Unidos por el cáncer que ella sufría; y que Yazmin tenía poco tiempo aprendiendo señas en Estado Unidos. Que no encontrábamos una escuela para ella, nos dijo: es increíble que esta niña en tan poco tiempo, haya aprendido tan bien a comunicarse a señas, sobre todo estando tan enferma. Voy a buscarle una escuela cerca de donde ustedes viven; pero si tienen tiempo, le quiero hacer un regalo a Yazmin, reunió a sus empleados y le regaló a Yazmin las llaves de la ciudad de San Bernardino.

Estas experiencias hemos tenido con empleados de este gran país; y no puedo dejar de compartirlo, este señor nos envió a la High School de Chino, California, donde había un programa para sordos. Con el tiempo, durante las vacaciones de la escuela, Yazmin quiso buscar trabajo. "Yo le decía que era muy difícil", pero ella insistía y hacía aplicaciones, mientras tanto llevaba a sus hermanos a la biblioteca más cercana, pues tenían que ir caminando, es la librería de Upland, en la calle Euclid, como a diez cuadras de la casa.

Ellos iban felices a pasar el tiempo leyendo, y me decían que les daba pena con las empleadas, porque Yazmin hizo una aplicación para trabajo; y todos los días preguntaba acerca de su aplicación.

Las empleadas le daban disculpas, pero ella insistía, cuando Paz y Gaby me comunicaron esto; yo le dije que ya no insistiera, que era muy difícil en un lugar como este, y que yo sabía que esos trabajos son solo para los ciudadanos.

Pero me imagino que insistió, y un día una empleada le dijo, no hay ningún puesto, pero si no me crees habla con el director de la librería. Cuando llegué por la noche, me dijo que necesitaba que al otro día la llevara yo a la librería, porque tenía cita con el director.

Cuando llegamos, nos esperaba una traductora de señas que ella había buscado a través de la escuela. Entramos a la cita, y ella le dijo al director su nombre, y que estaba a punto de graduarse de High School, que tenía tiempo buscando trabajo; y nadie le daba porque es sorda.

Y que deseaba trabajar en la librería, el director la felicitó por buscar trabajo, y le dijo que se presentara a trabajar el siguiente lunes; nunca le preguntó por su estado migratorio, y este fue el primer trabajo de Yazmin en Estados Unidos.

En el diario de Ontario salió un artículo sobre esto en primera plana, Yazmin trabajo allí como dos años, porque después nos cambiamos a vivir a Hacienda Heights, pues en ese tiempo la gasolina subió mucho de precio; y el tráfico cada día más pesado para manejar todos los días a Los Ángeles.

Vendimos la casa de Cucamonga, y compramos otra en Hacienda Heights, en la calle Novak. Gaby llegó a la elementary, Paz a Junior High, y Luisito siguió en Chaffey High School, pues era el último año para graduarse. Le compramos un carrito y manejaba, Yazmin se fue al colegio Westminster, y seguía recibiendo el tratamiento en el hospital City of Hope, el Departamento de Inmigración nos seguía extiendo los permisos a toda la familia, a veces con alguna dificultad.

Yo extrañaba mucho al señor Sheridan, pero un día al salir del elevador, lo encontré en un pasillo, me preguntó cómo seguía Yazmin; le contesté que estaba recibiendo el tratamiento y cada día mejoraba. Le platiqué que un oficial nos había querido deportar, y que yo me sentía preocupada de parar el tratamiento.

Me condujo a su oficina y me platicó que tuvo un accidente, que estuvo muy enfermo, que entre otras cosas perdió la memoria por un tiempo, y pensaban que no volvería a trabajar, pero que gracias a Dios; hacía dos semanas ya había regresado.

Me extendió los permisos y me dijo: "que siempre que regresara no pusiera mis documentos en la ventana, que siempre pidiera hablar con él". Este día fue dichoso, pues en adelante, él nos extendió los permisos, pero un día me dijo que muy pronto se iba a retirar, y que nuestros permisos iban a cumplir 10 años. Que había revisado nuestro récord, nunca habíamos pedido ninguna ayuda social, éramos personas trabajadoras, nuestros hijos siempre habían presentado buenas calificaciones. Que era muy probable que obtuviéramos la residencia, que me iba a recomendar un abogado, que era muy caro su servicio; pero era el mejor que conocía, y que además le iba a hablar de nuestra situación.

También me dijo ese día, que cuando esta situación se fuera a la corte, si por alguna razón nos la negaban, que recordara que era muy importante seguir luchando contra esta enfermedad, que no me diera por vencida, y que en ese caso yo me fuera a Washington. Que me plantara fuera de las oficinas del Congreso, o del mismo presidente; y que no descansara hasta conseguirla.

Me dijo: usted tiene pruebas de que nuestros representantes nos tienen que escuchar, pero necesitamos hablar y tocar la puerta, espero que usted lo haga, pues me quiero ir tranquilo acerca de este caso.

Nos hizo una cita con el abogado, y ahí empezó esta nueva lucha que fue muy difícil, pues para empezar éramos 6 personas, y este abogado cobraba como cuestan las cosas de muy buena calidad. Pero a nosotros nos dio un precio super especial; nos cobró solo 3000 dólares por todos, y siempre nos atendió igual que a todos sus clientes.

Claro que para nosotros era un dineral, pero trabajando muy duro pudimos pagar esto, esa nueva batalla duró como 5 años, durante este tiempo mi madre murió; y yo no pude estar junto a ella, para mí esto fue muy doloroso.

Yazmin terminó el colegio, y empezó a trabajar como maestra en lenguaje para sordos en Los Ángeles. Gracias a Dios, un día fuimos citados a la Corte Federal de Justicia, y allí, un juez revisó los récords de cada uno de nosotros, y ese bendito día Estados Unidos nos dio la residencia permanente a Luis, a mí y a nuestros 4 hijos. Unos meses después, Paz se graduó como enfermera del Colegio Río Hondo; y empezó a trabajar. En 1980 empecé a trabajar en la compañía de cosméticos Mary Kay.

Rosa Enríquez

Rosa Barrera y mis principios en Mary Kay

La señora Rosa Barrera me conoció en un banco, allí me dio su tarjeta, y me invitó a trabajar en esta maravillosa compañía; al principio dudé mucho, pues se trataba de trabajar con cosméticos, belleza e imagen femenina, en este tiempo yo no usaba cosméticos; usaba pantalones y ropa de trabajo, ya que el trabajo de la tienda era cargar y descargar las camionetas, era muy pesado.

Cuando comento esto, les digo en broma que yo era la cajera del negocio, pues subía y bajaba las cajas de las camionetas, y atendía la registradora. Pero no podía imaginar que era capaz de realizar este rol de belleza; sin embargo, la necesidad de trabajar para resolver los gastos de la familia era muy grande; y necesitaba derribar los obstáculos que yo sola me ponía. Desde mi niñez hasta este tiempo yo me sentía fea, una persona amargada, negativa, insegura, resentida, con todo esto, se me hacía imposible poder caminar en un mundo positivo y color de rosa, con todo esto y con el equipo de belleza de Mary Kay.

Con el fabuloso plan de mercado que Mary Kay le legó al mundo, y la dirección de la señora Rosa Barrera; empecé esta carrera en el mundo de las ventas con la bendición de Dios.

A medida que fui desarrollando la carrera, fui descubriendo que yo podía cambiar todo esto, uno de los traumas que yo me formé en la vida: "no haber podido estudiar una carrera", aunque hubiera sido la más sencilla. Felizmente, me di cuenta que Dios me estaba poniendo una carrera en frente; empecé a estudiar y a poner en práctica lo que aprendía, trabajé con constancia.

Hubo días difíciles en los que hacía la clase de belleza, y después de 2 o 3 horas, salía sin vender nada, ni un lápiz de labios. Pero al llegar a casa reconocía mis errores; y me preparaba para hacerlo mejor la siguiente vez. Seguía adelante, reconociendo que necesitaba aprender, no tenía carro y solo podía salir a trabajar cuando mi esposo regresaba del trabajo; conduciendo en una gran camioneta en la que casi necesitaba escalera para subir.

Pero así seguí, y con el tiempo mis ventas subieron, y pude comprobar que el no desmayar y practicar para aprender a vender esta clase de productos; dio buen resultado. Seguí asistiendo a las reuniones de unidad de mi directora, tratando de ganar los premios que ella promovía; y también los premios que la compañía ofrecía.

Cada trimestre desde el principio, me fascinó el programa de la escalera del éxito, es un broche en forma de escalera de oro con piedras preciosas, el nivel que la persona alcanza con ventas y reclutamiento; puede ser zafiro, rubí, diamante o esmeralda.

La primera vez nos envían la Escalera de Oro, la piedra, y uno de los premios que pueden ser joyas o artículos para el hogar, de nuestra elección; y después recibimos la piedra para agregar a cada peldaño de la escalera. También el premio y una hermosa tarjeta de felicitación; es un orgullo lucir esta joya en la solapa de nuestro traje.

Rosa Enríquez

Mi familia y yo, vivimos la navidad cada tres meses al abrir el regalo, y lo disfrutábamos. Fui consultora estrella por 23 años, y enseñé a mis consultoras a valorar y entusiasmarse desde lo más sencillo, que a disfrutar un lujoso anillo o brazalete; las clases de mi directora y las experiencias que compartían las demás consultoras y directoras, fueron fundamentales para mí.

A medida que pasaba el tiempo mis ventas aumentaban, y muy constantemente resultaba ser la reina de ventas de la unidad; y llegaba a mi casa a compartir con mi familia la corona, los broches, los listones y los premios. Mi hijo decía que yo parecía un boy scout. Por esos tiempos, la Sra. MK vino a Los Ángeles; y logré conocerla en persona.

En ese tiempo, Luis y yo asistimos a un retiro del encuentro matrimonial, esto trajo muchas bendiciones a nuestras vidas y a la familia. Por años trabajamos para este movimiento mundial de parejas; esto nos llevó a relacionarnos con muchas personas que al igual que nosotros, teníamos niños de la misma edad.

Ha sido muy bonita nuestra relación con Dios. Cada día fue mejor y hasta hoy seguimos siendo amigos de todas esas parejas; y nuestros hijos siguen esa misma amistad, nos sentimos familia. Durante ese tiempo celebramos nuestros 25 años de casados, nuestra situación estaba muy mal. Hacíamos planes de celebrar y a medida que llegaba el día, no faltaba algún problema que ocurría; se descompuso una camioneta, se rompió la tubería del agua, decidimos no hacer nada, le avise al diácono de la iglesia y me dijo: "para celebrar no necesitan dinero, así que el padre y yo los esperamos en la iglesia".

Él avisó a las parejas del encuentro matrimonial lo que pasaba; yo preparé pollo, arroz, ensalada, frijoles. Ese día a las 5:00 de la mañana, oímos unas guitarras desafinadas; y voces que cantaban las mañanitas.

Eran las parejas del encuentro que nos vinieron a despertar cantando; traían pozole, atole, café, tamales, té, y todo lo que se necesitaba.

Después de misa, todos llegaron a la casa con algo de comida, corriendo la voz que la fiesta era de "traje". Llegaron ese día tantas personas a nuestra casa; y hubo comida para todos, cuando lo recuerdo siento la bendición de Dios, y con este recuerdo me puedo levantar de cualquier tormenta.

Después de esto seguí trabajando, empecé a invitar a las personas a iniciar el negocio; y yo creo que empezaba a saber hacerlo, pues muchas me decían que no, pero algunas muy especiales me dijeron sí. Mary Wright, Lupita Esquivel, Leticia Rodríguez, Margarita González, Blanca Madrigal, y hasta este día somos amigas; eso me ayudó a seguir, pero la carrera se realiza vendiendo el producto y reclutando nuevas personas; para así ganar las recompensas que ofrece la compañía.

Un día mi directora me invitó a una conferencia de carrera, fue en San Francisco, pues en ese tiempo, casi no había consultoras ni directoras hispanas en esta parte de California.

Rosa Enríquez

Después de dudarlo mucho asistí a esta conferencia de la compañía, no había nada en español, bueno, yo estuve allí y puse mucha atención con el poco inglés que entendía. Pero el segundo día, hubo una clase en la que ponían en promoción carro para las consultoras; se escuchaban expresiones de júbilo, pues en este tiempo la compañía sólo promovía el modelo Cadillac y solo para las directoras destacadas.

Con esta noticia el hotel se volvió un manicomio, pues todas lo celebramos con risas y alegría; yo me senté en frente y puse mucha atención, pues necesitaba un carro urgentemente. La clase empezó y entendí todo, pues de lo que más se trataba era de números, y para eso me pinto sola. Lo escribí todo, y me aseguré de tomar toda la papelería, todo el camino de regreso vine haciendo planes y listas de personas. El privilegio de manejar un carro de la compañía; se ganaba con ventas y reclutamiento, la recompensa, también era una magnífica comisión después de cuatro meses de trabajo.

En cuanto llegué a la casa me puse a trabajar, califique el primer mes, el segundo, el tercero, el cuarto y wow, gané el carro; me llegó al sexto mes, una bendición para mi familia.

En esa conferencia nació el "Club del Carro para Consultoras," en este tiempo nuestra hija Paz; se había casado con John Loera, y en la semana que recibí el carro, nos convertimos en abuelos.

El nacimiento de nuestra primera nieta Christy

Al nacer nuestra primera nieta Christy, los recogí del hospital en mi carro nuevo; eso fue fantástico para mí, seguí trabajando con mucho más entusiasmo, y empecé la calificación para directora de ventas.

Al terminar, fui invitada por la compañía a recibir la orientación que ofrecen en la sede que se encuentra en la ciudad de Dallas, Texas. Hice los arreglos, y un domingo de diciembre abordé un avión volando a la ciudad de Dallas; llegué al hotel por la tarde, creí que soñaba al estar en ese lugar tan elegante.

Un rato después de llegar tocaron a la puerta, y cuando abrí un *bellboy* hermosamente vestido me dijo: "la señora Mary Kay le manda a darle la bienvenida a esta ciudad; y a entregarle este regalo," era un arreglo de flores hermoso, una placa con flores que decía: "bravo, lo hiciste, y hay un lugar para ti en el banquete de la vida".

Este fue el primer regalo que recibí de Mary Kay como directora. El siguiente, fue que Mary Kay Ash en persona me graduó como directora de ventas; y me entregó mi diploma, mi broche y mi placa, para mí fue un premio que vino de Dios y de la vida.

Ese mismo día, nerviosa, emocionada y con mi inglés tan básico, al acercarme a ella para la foto; le dije: que si ella llevaba esta bendita compañía a mi patria, México; yo le prometía que trabajaría para la posición de directora nacional de ventas.

Mary Kay Ash me contestó: "recuerda este día porque yo lo voy a recordar, y cuando las negociaciones con México estén listas, te voy a llamar para que te unas al grupo que iremos a México a llevar esta oportunidad; tráeme tu tarjeta porque te voy a llamar, y tú tienes que estar lista".

Ese día, me volví a dar cuenta que la vida me estaba dando la oportunidad; una carrera en el campo de las ventas internacionales, en realidad estaba empezando esta carrera, y arrastraba una cadena que yo misma me había atado a los pies; y me repetía yo misma una y otra vez: "yo no voy a poder."

En esos días, durante las clases para las nuevas directoras, habíamos mujeres de Estados Unidos, de Canadá y una mexicana, solo yo: Rosa Enríquez. En total éramos 32, pero todas entusiastas, positivas, fabulosas oradoras, algunas con carreras universitarias e imagen profesional.

A medida que pasaban las horas, las veía, se desenvolvían y me decía yo misma: "no voy a poder hacer esto, aunque decepcione a la familia regreso, y me quito esta idea de la cabeza". Pero al continuar las charlas, podía ver que el negocio era fantástico, que si yo ponía todo el esfuerzo que había puesto en otros trabajos; podía lograr que mi esposo y yo, sacáramos a nuestra familia adelante.

Empecé a poner atención en todo lo que me rodeaba, esta increíble compañía formada primero por esta mujer tan especial; tan espiritual, tan amable, tan triunfadora y al mismo tiempo tan humana, y después; seguida por un ejército de empleados que llevaban a cabo su trabajo, con los mismos principios con los que ella fundó la compañía.

Dios, trabajo y familia.

Trata a los demás como quieres que te traten a ti.

Un empleado mandado por ella, antes de viajar me preguntó si necesitaba traducción, yo contesté "sí", pues mi inglés es muy básico. Me esperaba una traductora que permaneció conmigo 10 horas diarias por 5 días, (se llama Gladys Reyes); después de esta semana terminamos siendo muy amigas. Las noches anteriores a que terminaran las clases, todo esto pasó ante mis ojos como una película.

No pude dormir, pero en esa vigilia decidí: claro que lo voy a hacer, amanecí con una actitud diferente, feliz y dichosa.

Esa mañana sería la graduación. Durante el lunch, llegué muy temprano, el salón no estaba listo, meseros y mozos entraban y salían arreglando todo; nos encontrábamos en el Hotel Anatole. A mí me parecía una pequeña ciudad, yo estaba ahí sola, esperando, viendo a los empleados entrar y salir con sillas y cristalería; observe que casi todos eran hispanos o de color, y los dirigentes blancos.

Me dio mucha tristeza y pensé: "pero yo ya estoy aquí, y seguro que después vendrán muchas como yo a graduarse, y a realizar la carrera". Después llegó Gladys, casi era la hora de entrar.

De un momento a otro escuchamos un murmullo; y Gladys dijo: ¿qué está pasando allá abajo?, nos asomamos, y vimos que Mary Kay venía cruzando el Hall del hotel, elegante, hermosa; la gente se detenía y le aplaudían, ella era una celebridad.

Gladys dijo: que raro, quizás va a otra parte porque no está en el programa, pero cuando empezó el evento, Mary Kay entró al salón. Para sorpresa de todos ella era la anfitriona, y en su discurso nos dijo: "me imagino que les sorprende mi presencia, pero estoy aquí porque algunas personas piensan que el viernes 13 es de mala suerte; yo nunca graduó a las nuevas directoras, pero ustedes se gradúan hoy viernes 13, y como yo creo que la mala suerte no existe, estoy aquí para graduarlas y desearles buena suerte. Regresen a los lugares de donde vienen; no solo vendan cuidado para la piel, vendan oportunidades y sueños".

Fue una mañana gloriosa, mis dudas se disiparon, como cuando aparece el sol por la mañana Esa tarde tomé el avión a California, regresé feliz, con el firme propósito de poner en práctica lo que había aprendido.

El domingo hice mi plan semanal, y el lunes empecé a trabajar, empecé a hacer mis reuniones con mi unidad; a la cuál llamé "Las abejas de oro", escogí este nombre, porque la abeja es uno de los símbolos más especiales de Mary Kay.

Otro símbolo del plan de mercado de Mary Kay, que yo empecé a motivar fue el saco rojo, con una clase que llamé "La universidad del saco rojo," enseñando a las consultoras a ganarse el privilegio de pertenecer al club del saco rojo; y así subir la escalera del éxito, y si lo deseaban ganar el carro y convertirse en directoras.

Mientras tanto, en este tiempo, nuestro hijo Luis se casó con Evelyn Hill, fue motivo de alegría para la familia, una bendición, pues ella ha sido una hija más para nosotros; ellos trajeron a nuestra vida dos nietos más: Laura Elise y Michael Luis.

EL HERALDO DE LAS ABEJAS

Hola

Felicitaciones a la Fantastica
Unidad Enriquez

Este es el primer ejemplar de nuestro periódico y es una meta y un sueno convertido en realidad.
Yo le doy gracias a Dios por todas ustedes y por todas nuestras metas y nuestros suenos realizados.

Ustedes saben que todos los triunfos y las metas que hemos alcansado han sido fruto del trabajo, entusiasmo y espiritu de cooperacion de toda la Unidad.
Gracias muchachas por el carino, confianza y apollo que me han brindado.

Un aplauso muy fuerte a todas las consultoras de la Unidad, en total somos 180 abejitas hermosas y delicadas. Y muy pronto se desprenderan de esta colmena 2 nuevos panales o sea dos nuevas directoras dos Unidades mas en la Galaxia.

Mis mas sinceras felicitaciones a Maria de la Luz Rodriguez y a Eva Ibarra les deceo una carrera llena de triunfos y exito. Pero sobre todo que disfruten y gosen junto con su familia su ascenso y sus metas realizadas.

Le doy gracias a Dios porque somos una Unidad de consultoras entusiastas y unidas. Creo que esto es lo que mas impacta a nuestras invitadas.

Ojala que este ambiente siga creciendo en nuestras reuniones y con la certeza de que somos como la abeja hermosas, laboriosas, persistentes, y que cuando nos decidimos podemos llegar a grandes alturas donde se encuentra el triunfo.

Les doy un aplauso y mi felicitacion calurosa a cada una de las consultoras de la fantastica Unidad Enriquez.

Vamos a la Cumbre Abriendo Puertas

Nuestro primer boletín

Empezamos a hacer nuestro primer boletín para comunicarnos con las consultoras con noticias, ideas, nuevas promociones, conocimientos del producto y la carrera; reconocimientos y premios, se llamó "El Heraldo de las Abejas de Oro"..

Mi hija Gaby lo hacía con una máquina de escribir; y los dibujos a mano, pues en ese tiempo no había computadoras por todas partes como hoy en día.

Luis y yo, siempre tratamos de que nuestros hijos ayudaran en los trabajos de la casa; y también en lo que nosotros trabajáramos cuando era posible, así que empecé a llevar a Gaby, para que me ayudara a hacer los faciales.

Ella era muy jovencita, pero yo siempre traté de que nuestros hijos se mantuvieran ocupados. Seguí trabajando, y Gaby cumplió los 18 años, y logre reclutarla. La invité a las clases para que recibiera la orientación formal de un grupo de directoras; no fue fácil motivarla a hacer la carrera, pues ella estaba viviendo su adolescencia, y no sabía qué hacer mientras empezaba el colegio.

En este tiempo, dos consultoras de mi unidad habían ganado el carro; y ella me ayudaba a celebrarles el triunfo y aplaudirlas.

Especialmente a Graciela González, una mujer muy generosa, muy profesional y una gran amiga, hasta este día.

Rosa Enríquez

SECCION DE AVISOS

Como ustedes ya saben nuestro Centro de Entrenamiento se encuentra ubicado en 2450 S. Atlantic Blvd. City of Comerce Tel. (213)267-8700.

Nuestra reunion de Unidad, semanal es los lunes de 10:00a.m. a 12a.m.

Las clases de orientacion para nuevas consultoras o sea el primer escalon para tu carrera como consultora se realiza los sabados de 10:00a.m. a 2:00p.m. y tenemos clases los jueves de 7:00p.m. a 9:00p.m.

Este dia se da una reunion especial para invitadas interesadas en la oportunidad de Mary Kay, y clases de belleza donde las consultoras nuevas aprenden sus primeros pasos, y clases abansadas sobre lo que tu decidas hacer en Mary Kay trabajo, parte del tiempo, tiempo completo, negocio o carrera ya que si asi lo decides tienes la oportunidad de hacer carrera en el campo de las ventas de una de las Companias de cosmeticos con mas exito en el mundo.

Asi que ya sabes te espero en nuestras reuniones semanales o en las clases, pues para alcanzar nuestras metas necesitamos prepararnos.

QUIEN SERA LA REYNA DE LA SEMANA
Ven acompañanos, has tu reporte traelo y veremos provablemente tu seas la Reyna.

Maria, Celia? Irma? Josefina?
Agueda? Gaby? Martha? Lupita? Cristina
Irina? Lilian?
ria Teresa? Romelia? Rita? Bl
Rosa? Chelo? Amali
triz? Rosy? Ana Maria? Dolores
ary? Yazmin? Margarita? Aida?
Marisela? Antonieta?
th? Eva? Cyndi? Susy
Aurora? Esperanza?
ria de Jesus? Liz? Carme
Silvia? Maria Dolore
Maria Luz? Bett
Ana Maria?
Rosal

Vamos a la Cumbre Abriendo Puertas

Gaby empezó el colegio, y se dio cuenta de que necesitaba un carro, le dije gánate el carro de Mary Kay, me contestó que era muy difícil, le dije bueno, vende más, gana más y te compras un carro usado; y lo pagas cada mes por 5 años, y sigues ayudándome a aplaudirle a las consultoras ganadoras.

Porque yo no te puedo comprar uno, pero si puedo enseñarte a ganarlo, te gusta el dinero, el maquillaje y las joyas, y eso es lo que hay aquí. Hubo mucho, dime y te diré; pero gano el carro, estreno licencia y carro del año.

Gaby siguió iniciando jóvenes en este negocio, y unos meses después calificó como directora. Fue la quinta directora en mi unidad, y así llegué al nivel de directora ejecutiva. Ella fue una de las directoras más jóvenes en la compañía; y para mí fue un apoyo muy grande.

Como le gustaba el glamour, la moda y sobre todo el maquillaje, lo hacía muy bien y esto le inyectó entusiasmo y juventud a nuestra unidad; fue mi brazo derecho en todos los aspectos.

En ese tiempo nuestra hija Yazmin se casó con Mihai Marin; y Dios nos mandó una nieta más: Pherrin. Todos gozamos al ver a Yazmin convertida en madre de esta hermosa niña; por ese tiempo nos reunimos mi directora Rosa Barrera, Alicia Nix y yo, abrimos una oficina en Los Ángeles; allí nos reuníamos descendientes de nuestras tres unidades. Nos formamos en ese lugar muchas directoras, fueron años de formación y superación, allí vivimos grandes experiencias y muchos éxitos.

Las que llevaban la dirección de ese centro fueron Rosa y Alicia, ellas con su experiencia guiaban al grupo; allí nos formamos Gaby, yo y muchas de las directoras de mi área nacional, de ahí salimos varias directoras nacionales hispanas; fue un tiempo muy hermoso.

Todas aprendimos y nos enseñamos unas a otras, mil gracias a todas por sus compartimientos, en especial a Rosa y Alicia; fue un placer trabajar como hermanas directoras.

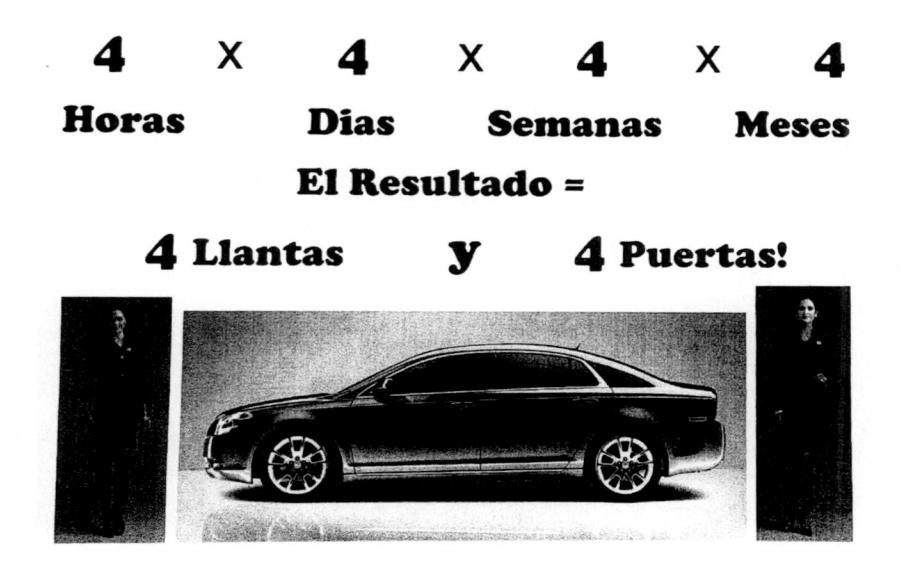

4 X **4** X **4** X **4**
Horas **Dias** **Semanas** **Meses**

El Resultado =

4 Llantas y **4 Puertas!**

Empecé un programa para ganar el privilegio de manejar el carro de Mary Kay para consultoras. Gaby diseñó un cartel con la imagen del carro, un Grand- Am en color rojo, con la instrucción para ganarlo.

Wow!, esto fue una bomba, varias consultoras se acercaron a mí; haciéndome saber que deseaban participar en el programa. Asistieron muchas, les di las bases, anuncie en el boletín una reunión especial para iniciar el programa.

Les di el material y las ideas para empezar a trabajar, les hice saber que yo deseaba trabajar con mujeres formales de palabra, que si consideraban no hacerlo por sus propias razones; todo estaba bien, que siguieran las clases regulares a su paso.

Como este programa iba a desarrollarse en una clase aparte, y yo no quería jugar, empezamos a trabajar los cuatro meses; fueron fascinantes, todas fueron muy entusiastas y puntuales.

Poco a poco formamos un equipo, se ayudaban unas a otras, y entre nosotros reinó la armonía.

Al terminar los 4 meses, diez mujeres ganaron el carro, fue fabuloso; algo hermoso en nuestras vidas. Lo más maravilloso, fue que varias de ellas realizaron una carrera muy exitosa en Mary Kay, como directoras de ventas.

Una vez más volvimos a ser abuelos, nació Johnny Loera, hijo de Paz, fue un tiempo hermoso al convertirnos en los orgullosos abuelos de tres hermosas niñas; y dos niños guapos.

Esta experiencia fue única, pues ha sido un placer vivir tan cerca de ellos y verlos crecer felices. En ese tiempo, recibí una carta de la señora Mary Kay, avisándome que las negociaciones para llevar la compañía a México estaban listas.

Me daba la fecha, y me preguntaba si seguía con la meta de ir con ella a llevar la compañía a mi país; la oportunidad de Mary Kay. A mí me tomó por sorpresa, porque no estaba preparada económicamente para iniciar un negocio internacional. Mi esposo y yo hablamos esto y decidimos hacerlo, me puse a trabajar con la firme decisión de lograrlo; y de esta manera pude sacar del mismo negocio para viajar a México, por supuesto tuve el apoyo de la familia y de toda la Unidad en Mary Kay.

En este tiempo recluté a tres caballeros; Francisco Baez, Bruno y Roberto. Esto fue el comienzo de una experiencia fabulosa. El negocio les ayudó a ganar dinero en aquel tiempo de crisis. Ellos aprendieron mucho pues fueron muy puntuales y respetuosos y a mi como directora, me dieron un apoyo total.

Primeros viajes a México

El viaje a México llevando esta gran compañía a las mujeres de mi patria; fue una experiencia fabulosa. Llegamos con esta oportunidad a la ciudad de Monterrey, pues ahí se fundó la subsidiaria de Mary Kay en México.

Llegamos más de 300 mujeres, directoras destacadas y directoras nacionales, más o menos unas diez mexicanas, y todas las demás americanas, todas éramos ganadoras de CADILLAC.

Mary Kay nos recibió en el hotel, asistimos a un seminario que duró cinco días, Mary Kay nos dio las principales clases. Nos dijo, que veníamos a México a ofrecer a las mujeres una posición ejecutiva en un negocio internacional de belleza y cosméticos. Nos pidió que portáramos el traje de directora con respeto y dignidad; que veníamos a ofrecer un negocio, y que las mujeres que decidieran invertir en este negocio su tiempo y dinero; necesitaban la seguridad de no perder estos activos.

Que nosotras necesitábamos trabajar verdaderamente en este proyecto, que teníamos la obligación de regresar periódicamente a dar clases; y enseñarles a hacer el negocio.

Que tomáramos en cuenta que necesitamos dinero para cubrir los gastos de un nuevo negocio; y al mismo tiempo poder trabajar en dos países, que sí después de evaluar todo esto, decidíamos retirarnos del proyecto, todo estaría bien, y solo habríamos hecho un bonito viaje a Monterrey.

Durante esas noches medité mucho sobre esas decisiones; yo no estaba preparada económicamente para un negocio así. Tuve muchas dudas y casi decidí regresar a Estados Unidos, pero algunas de las mujeres que yo había iniciado, me suplicaron que siguiera adelante.

Ellas deseaban hacer este negocio, y decidí seguir adelante. Estados Unidos y México firmaron un trato de tres años; a los 3 años de entrenamiento y clase, las directoras de Estados Unidos nos retiraríamos de México.

Si en ese tiempo lográbamos convertir a una o más consultoras en directoras, toda esa gente se añadiría a nuestra unidad en Estados Unidos; y esas posiciones y comisiones serían nuestras, siempre y cuando permaneciéramos activas en nuestro nivel de directoras.

Si al terminar los tres años no se convertía nadie en directora, nosotros nos retirábamos de México. Al ver que las mujeres que yo había iniciado, tenían tanta fe; creyeron firmemente en los principios con los que Mary Kay, fundó su compañía.

Dios, Familia y Trabajo

Para mí fue una gran experiencia haber palpado esa extraordinaria fe; el creer en lo que no habían visto antes, mientras tanto, continuamos las consultoras y directoras de mi unidad, las abejas de oro en Estados Unidos, con Gaby al frente; ayudándome a cumplir con mi trabajo de directora, todas trabajaron con pasión, entusiasmo y armonía.

Realizando cada una sus metas y me sorprendieron, pues en ocasiones lograron producciones tan altas, que ese año en el seminario lograron el medio millón de dólares. Yo firmemente creo que todas estas mujeres que trabajaron conmigo durante estos 27 años de carrera; me refiero a todas las consultoras y directoras del área Enríquez de Estados Unidos y México, son bendiciones que Dios mandó a mi vida.

Traté de enseñarles lo que yo aprendí, y yo aprendí mucho de ellas, recibí de ellas apoyo, comprensión y amistad, solo puedo mandarles desde este libro mis felicitaciones; las gracias, un abrazo y pido bendiciones a Dios para sus vidas.

Esta decisión muy firme y contar con el apoyo de la familia, me ayudó mucho para poder seguir viajando a trabajar con México. En este tiempo mi esposo trabajaba en construcción, él le puso mucho empeño a todo lo que hacía; pero el trabajo de construcción estaba muy mal, y Luis no encontraba trabajo. Había aprendido mucho, y pensó en estudiar para sacar la licencia de contratista general, yo creo que si los dos nos hubiéramos puesto a pensar lo difícil que era eso, no lo hubiéramos intentado; pero él y yo siempre lo hicimos así todo, desde el día que nos casamos.

Solo le echamos valor y adelante, de esta manera empezamos las dos carreras juntos; siempre que yo viajaba a México a trabajar, él me acompañaba. Todo el vuelo de ida y de regreso se lo pasaba estudiando, y al llegar a la ciudad a donde íbamos, mientras yo trabajaba, él se quedaba en el hotel estudiando.

Por la noche íbamos a cenar y en ocasiones a bailar, todo esto lo podíamos hacer, porque yo ya recibía de Mary Kay un cheque con magnífica comisión.

El triunfo de Luis Enríquez

Fue un curso muy difícil y muy intenso, pero llegó el día que pidió el exámen y gracias a Dios y a su dedicación; lo paso con excelencia, todo un récord, un bendito día le entregaron su licencia de contratista general en construcción.

Un triunfo de Luis Enríquez como hombre, como esposo, como padre, como abuelo, como bisabuelo y como hijo de sus padres; donde descansan estarán orgullosos.

Un triunfo para celebrar de la familia Enríquez, el logro fue muy importante, para él y para toda la familia; pues en primer lugar ya nunca le faltó el trabajo, al contrario, empezó a hacer contratos y a darles trabajo a muchos hombres. A muchos jóvenes les enseñó el oficio, algunos de ellos lo buscan para darle las gracias; y a veces le piden que les ayude a resolver algún problema.

A nosotros como familia nos trajo grandes beneficios, pues empezó por convertir el garage de nuestra casa en una oficina, con baño y un área para preparar café y bocadillos para mis reuniones de Mary Kay, esto no sucedió; porque gracias a Dios empezamos a ser abuelos.

Luis convirtió la oficina en un hermoso departamento para recibir a nuestra primera nieta. Tiempo después, Paz se fue a Pomona, y en ese departamento recibimos a otra nieta, la hija de Yazmin; Pherrin preciosa, toda una bendición.

Luis los hizo con sus manos, después compramos una casa en frente, y el abuelo le acondicionó esta casa a Paz, para recibir otro precioso nieto: Johnny. Después compramos la propiedad junto a nuestra casa; y aquí Luis construyó la casa

Enríquez, fue algo hermoso, pues mi esposo y nuestro hijo hicieron los planos y construyeron la casa que ha arropado a toda la familia. Luis hizo todo el trabajo, y gracias a Dios y al negocio Mary Kay, yo contribuí con el dinero, después de un tiempo, le regalamos la mitad del terreno a nuestro hijo y una vez más, el señor contratista Luis Enríquez y su hijo, hicieron los planos y construyeron la casa para nuestro hijo y su familia.

En la construcción de esta casa participaron mi esposo Luis, nuestro hijo Luisito y su esposa Evelyn. Cuando Yazmin compró una casa, Luis le ayudó a Mihai a remodelarla. Cuando Yazmin se fue a la universidad a Washington, yo le compré un townhouse en Maryland para ella; y Luis le arregló la cocina y todo lo que necesitaba.

Cuando Dino y Gaby empezaron a construir su casa; ahí estuvo Luis ayudando en lo que pudo, algunas veces con su experiencia.

Algunas veces con sus ideas, y no solo nos construyó a todos, pues un día Paz le pidió que construyera para sus hijos una casita en el árbol. Luis hizo la casita más hermosa que los niños pudieron tener; todos los niños, incluyendo a los amiguitos la disfrutaron a lo máximo, tenía todo de verdad.

Techo, ventanas, escalera y desván, en algunas ocasiones nos hemos sentido tristes por no haber tenido un trabajo con beneficios; especialmente seguro de salud, que es tan necesario cuando los niños están creciendo, pero seguimos trabajando en lo que se podía. Todo gracias a la guía de Dios, a la dedicación que Luis le ponía al trabajo y a que yo, en la universidad de Mary Kay y de la vida, estaba aprendiendo a insistir, resistir y persistir.

Logramos juntos y tomados de las manos hacer las dos carreras, algunas veces nos tomamos las manos para orar pidiendo a Dios su guía; otras veces para apoyarnos en el trabajo, también en ocasiones nos poníamos guantes de boxear, muchísimas veces para bailar, pero también para tomar fuerza; seguir adelante y así llegar hasta aquí, a la meta.

El baile fue algo muy especial en nuestra vida, desde el día que empezamos a ser novios, en algunas ocasiones participamos en concursos de baile y ganamos dos; el primero en Estados Unidos, en el baile de fin de año de nuestra parroquia, San Juan Vianney, y el segundo en México.

El área de Enedina Paredes en Guadalajara; me regaló un paseo en el tren turístico que va a Tequila. Al llegar a la estación nos esperaba un fantástico mariachi, en el trayecto nos deleitaron con sabrosas bebidas, con tequila, y el mariachi interpretó todo el camino esa música jalisciense que desborda de alegría; al llegar nos mostraron cómo nace el agave hasta convertirse en tequila, después un lunch y el baile.

De pronto anuncian un concurso, nosotros para nada pensamos en participar, pues sabemos muy bien que México tiene parejas que de verdad bailan, y además, casi todos eran muy jóvenes. Pero Van Paredes, hijo de Enedina, y que era nuestro anfitrión, insistió tanto que nos apuntó en el concurso; con tanta insistencia y con el calor de los tequilas aceptamos.

El concurso casi fue un suicidio, pero fue una gran sorpresa que al final nos declararon ganadores; lo simpático fue que participaba un grupo de jóvenes de la Universidad de Monterrey, y empezaron a gritar rabiosamente, mostrando su descontento, y al entregarnos el premio; los muchachos gritaban rabiosamente mostrando su enojo.

Nosotros empezamos a sentir temor, de pronto se desprendieron varias parejas del grupo, corrieron hacia nosotros y los demás empezaron a aplaudir gritando campeones; campeones.

A nosotros la sorpresa no se nos pasaba, ellos tomaron el micrófono y nos dijeron tranquilos; solo estamos haciendo show para divertirnos, ustedes ganaron, felicidades, el trofeo fueron dos botellas de tequila.

Fue una experiencia hermosa en la que disfrutamos de la alegría mexicana. Yo le doy gracias a Dios por mi trabajo en Mary Kay, mil gracias a Jalisco y al área Paredes, por todo lo que aportaron al área de Rosa Enríquez. Así, seguimos viajando a México, mi deseo más grande era llevar los beneficios de esta compañía a mi familia y amistades; mi objetivo era la ciudad de México y el Estado de México, pues ahí nací y viví. Como la ciudad de México es la capital, fue el lugar que la señora Mary Kay escogió para desarrollar este proyecto, yo me sentía feliz, dichosa, fui un mes antes para hacer las invitaciones personalmente; planifique todo, el seminario sería en el hotel Presidente. Reservé una suite para mis sobrinas, mi hermana, y una para mi esposo y para mí.

Mi plan era llegar un día antes, llevarlas a cenar y pasar buen tiempo, dormir en el mismo hotel para estar listas el día que empezara el evento; arreglado todo esto, regrese a California, pues tenía en Mary Kay la conferencia de liderazgo.

Cada año la compañía la lleva a cabo en diferentes ciudades, esta ocasión fue en Phoenix, Arizona. Uno de esos días, la señora Mary Kay me llamó y me dijo: Rosa, el departamento de viajes me reporta que llegas a Phoenix manejando, te quiero pedir de favor que manejes el Cadillac a la ciudad de México; quiero promover un carro color rosa para las directoras.

Yo se que tu eres de allá, y sería fabuloso poner tu Cadillac en la entrada del hotel, se que es difícil, pues terminando la conferencia de liderazgo en Phoenix; tendrás que salir de inmediato para llegar a tiempo a la ciudad de México, pero sería fantástico, la compañía corre con todos los gastos, y ordenaremos un seguro especial para tu carro.

De inmediato le contesté que sí, salimos de Arizona un medio día, y manejamos de corrido hasta Chihuahua; allí dormimos y muy temprano, mi esposo empezó a manejar. Caminamos todo el día y toda la noche, entramos a la ciudad de México como a las dos de la mañana.

Para esa hora, yo ya llevaba mucho miedo, pues venía Luis muy cansado, y no me sentía segura para manejar, pues hacía más de 15 años que yo no manejaba en México. A lo lejos, vi el anuncio de un hotel, y le dije a Luis: salte aquí, acabo de ver algo en la calle, Luis me decía: ¿que fue lo que viste?, le conteste: mira ese anuncio, es un hotel, maneja hacia allá, él decía, pero ya casi llegamos y ya tenemos reservación en el hotel.

Le dije sí, pero ya casi vienes dormido, mejor paramos aquí a descansar, porque de otra manera a lo mejor no llegamos. Así que paramos, le dije al administrador que nos despertara a las 7:00 de la mañana, pues yo por teléfono había citado a mis sobrinas a las 10:00 de la mañana para ir a almorzar.

Cuando nos registramos en el hotel, tenía yo un mensaje de mis sobrinas, no iban a venir, bueno, así fue, pero yo me sentí satisfecha, las invite e hice todo lo que fue necesario para llegar a tiempo.

Esa tarde empezó el evento, fue todo un éxito, Mary Kay estaba asombrada, asistieron más de tres mil mujeres, y más de la mitad ingresó a la compañía. Para mí fue un día dichoso, en silencio le di gracias a Dios por permitirme participar; en que esta bendición llegara a mi patria.

Yo sabía bien que a todas estas mujeres, si desarrollaban el negocio, traería para sus vidas desarrollo personal, crecimiento en su autoestima, crecimiento económico, y trabajando con el lema de Mary Kay: Dios, Familia y Trabajo.

Trata a los demás como quieres que té traten a ti, hazme sentir importante, sería una bendición para la familia mexicana y así fue. En muy poco tiempo, aquellas mujeres pioneras, llevaron a Mary Kay México; a los primeros lugares en ventas entre las más de 40 subsidiarias en el mundo. Entre todas ellas, una mujer extraordinaria, Enedina

Paredes Arvizu, de mi área en Guadalajara, México, Directora Nacional Senior en Mary Kay México. Desde el día que la conocí, creyó en los principios de Mary Kay, desarrollando una carrera espectacular, desde el día que ingresó a mi unidad; se colocó en los primeros lugares.

Lo más maravilloso, fue que nació entre nosotros una gran amistad, alcanzó el nivel de Directora Nacional Senior al debutar a la Directora Nacional Carmelita Franco de Tepatitlán, Jalisco.

Enedina vive en Guadalajara, y ellas dos desarrollan en México dos áreas nacionales super exitosas, yo me siento bendecida, dichosa y feliz de ser la Directora Nacional Senior de estas dos extraordinarias directoras nacionales, y sus fabulosas áreas.

México - Triunfando con Mary Kay

Cuando Mary Kay-México cumplió un año, se realizó el primer seminario de premiación. Yo asistí, y viví momentos de bendición y de dicha, el seminario se desarrolló en forma espectacular; premiando a todas aquellas mujeres del país por su primer año de trabajo.

Mi esposo regresó a Estados Unidos, pues tenía cita con el doctor, y yo tomé el avión a México para saludar a mi familia y trabajar. Pensé que me iba a sentir sola, pero cuando abordé el avión; me di cuenta que el avión iba lleno de mujeres que regresaban del seminario Mary Kay.

Aquel avión explotaba de alegría, y gritos de entusiasmo, llorando le di gracias a Dios, fueron momentos inolvidables y dichosos. Seguí trabajando Jalisco, Querétaro, Morelos, Aguascalientes, Zacatecas, Veracruz, Michoacán, Estado de México, Distrito Federal; sembramos, sembramos, sembramos y el trabajo floreció en Jalisco.

Cuando debuté como Directora Nacional, fueron reportadas 15,000 personas, directoras y consultoras en Jalisco, y los nombres de todas las directoras de México; fueron pronunciados durante el debut, en Dallas.

Enedina Paredes Arvizu, asistió en representación del área en México, y fue reconocida en el escenario como futura directora nacional, este fue mi trabajo en México. Mientras el trabajo en México ocurría, yo regresaba a Estados Unidos a seguir con mi unidad.

Era necesario que los dos negocios continuaran activos; y aunque Gaby lo hacía muy bien, necesitaba mi supervisión.

Rosa Enríquez

Así seguimos trabajando, y logramos el nivel del círculo de la excelencia. Ganamos el primer viaje internacional como Directora Destacada; con este viaje, la señora Mary Kay celebró los 25 años de la compañía y viajamos a Suiza, fue un viaje espectacular, sobre todo porque Mary Kay nos acompañó y eso fue único.

Yo sentía que estaba soñando, pues nunca imaginé que un día cruzaría el atlántico camino a Europa, a ese país de ensueño que es Suiza, para mí fue sorprendente; pues en ese tiempo Mary Kay planeaba el viaje personalmente.

Ella comentaba que era el reconocimiento que más alegría le daba; pues pasear con sus mejores Directoras era un placer. Para mí cada día era una sorpresa, el primer día nos recibió en la puerta del comedor, nos dio la bienvenida con un abrazo, un beso, y una cariñosa felicitación, el hotel estaba a la orilla de un lago, el primer día carros de caballos nos llevaron al pie de la montaña.

Subimos en monorriel a los Alpes suizos, por la noche bajamos en tren, nos sirvieron la cena en un coche del tren, muy elegante, los meseros vestían tuxedo y guantes.

Bajar de esas montañas cubiertas de nieve, y ver hacia arriba el cielo lleno de estrellas, fue un sueño; el segundo día fuimos de paseo, desayunamos en Suiza, comimos en Italia, y cenamos en Francia.

La noche de gala fue en el casino de la ciudad, con un concierto de jazz, cena y baile. Mary Kay, nos pidió que las Directoras usáramos vestido de noche negro, y joyería de plata, y los señores tuxedo negro, corbata y fajilla color plata.

La compañía celebraba en ese viaje las bodas de plata, 25 años de éxito, Luis y yo disfrutamos bailando con aquella maravillosa orquesta; y rodeados de la alegría de todo el grupo.

Cuando entramos a este lugar, en el lobby había una gran fuente, en el centro había un arreglo floral inmenso que llegaba hasta el techo. la fuente estaba llena de hielo y de botellas de champagne; los meseros muy elegantes nos ofrecían champagne y bocadillos.

Les comparto estos detalles, porque la verdad, aunque después disfrute de muchos viajes como Directora Nacional, los que gane en este tiempo como Directora Destacada fueron increíbles. Quizás fue porque Mary Kay iba con nosotros, y bueno, recuerden que todo lo que ella planeaba era espectacular. Recordemos aquellos seminarios y las personas que tuvimos la dicha de estar junto a ella, sabemos que Mary Kay fue un amor para el mundo; o tal vez yo miré así este viaje porque era mi primer viaje estilo millonaria.

Yo me sentía en un sueño como una cenicienta. Al regresar de este viaje, yo venía con muchos deseos de seguir trabajando, y así lo hicimos. La unidad de México, que cada día se multiplicaba y aquí en Estados Unidos, las abejas de oro, seguimos trabajando y siguieron muchas consultoras convirtiéndose en directoras.

Cada día llegaban mujeres extraordinarias a enriquecer mi vida, y creo que Dios me permitió tocar la vida de ellas y ellas tocaron mi vida. Yo considero que esto fue una bendición de Dios, que nos tocó a nosotras y a nuestras familias. Este negocio trajo muchas cosas buenas a nuestras vidas, le doy gracias a Dios por mandar al mundo a la señora Mary Kay; fue un ángel para nuestra vida, mientras esto ocurría, cada año asistíamos al seminario de premiación que se realiza en el centro de convenciones de Dallas; Texas.

Asisten más de 10,000 personas a cada seminario, y se llevan a cabo cuatro en el mes de julio, o sea que llegan a la ciudad de Dallas más de sesenta mil personas entusiastas; y llenas de alegría, a recibir sus merecidos premios. Diamantes, carros, viajes y una recarga de energía espectacular, asistir a uno de estos seminarios; es como asistir al mejor show de New York.

Pero la energía y el entusiasmo que se siente cuando estás en medio de estas miles de personas entusiastas, y dichosas, es indescriptible; es una experiencia maravillosa.

Yo, gracias a dios los 27 años que estuve activa cada año; viví entusiasmada esta experiencia, la bendición más grande es que a los pocos año, reclute a mis hijas Paz y Gaby.

Y la dicha fue más grande cuando lo disfruté acompañada de mis dos hijas y mi esposo, seguí ganando el círculo de la excelencia. Cuando una directora gana este nivel, baja uno por una gran escalera tomada del brazo de un caballero; jefe de una de las tantas oficinas de esta gran compañía.

El objetivo es que conozcamos a todos los directivos de esta gran compañía; de esta manera llegamos a recibir el premio y los aplausos de la gran multitud que nos recibe

Vamos a la Cumbre Abriendo Puertas

con respeto. La primera vez que Paz y Gaby estuvieron al pie de la escalera para recibirme, las dos lloraban de alegría.

Gaby me dijo: mami qué alegría, Dios me permitió aplaudirte y recibirte como una triunfadora, y Paz me dijo: los hijos y las hijas recibimos aplausos y abrazos de nuestros padres en la escuela, cuando ganamos una carrera, un premio o nos graduamos. Creo que muy pocos hijos pueden aplaudir, abrazar y tomarle fotos a su madre, yo gracias a Dios, te tomé cientos de fotos. Yo bajé con la placa del medio millón, y un abrigo de Mink qué costó más de diez mil dólares; pero esos abrazos y esas palabras, fueron más de un millón de dichas y alegría.

Por la noche llegué al coctel de la realeza acompañada de mi esposo, mis dos hijas y varias Directoras de mi unidad; que habían ganado esta cena tan elegante.

Al estar disfrutando todo esto, yo pensaba que había valido mucho la pena haber trabajado con constancia; y año con año regresamos a vivir otro seminario más.

Durante el seminario hay clases impartidas por las Directoras premiadas en los diferentes niveles, yo tuve el honor en diferentes ocasiones, de dar clases en ese podio tan especial.

Hay exhibición del nuevo producto, clases para usarlo, exhiben las joyas, los premios y los nuevos modelos de carro a ganar. El siguiente año la compañía nos ofrece lunch y cena, todo servido con una elegancia increíble.

Cada evento empieza con grupos de bailarines acompañados por música que promueve la alegría. Los aplausos a las directoras y consultoras que alcanzan altos niveles y reciben premios. A las Directoras Nacionales, las conducen en lujosas limusinas al coctel de la realeza; a las cenas especiales y a la noche de premios.

De verdad es algo espectacular, la dicha, el premio más grande. Para mí, lo mejor es haberlo vivido con muchas mujeres que en ocasiones no creían ni ellas mismas; y ahí estaban dichosas y triunfadoras. Esto siguió sucediendo, y siempre regresábamos entusiasmadas a trabajar, para lograr los premios del siguiente año.

Reconocimientos internacionales

Mary Kay también realiza una conferencia de liderazgo en el mes de enero; pues para la compañía, es mitad de año de trabajo ya que su año fiscal se cierra en junio. Esta conferencia es solo para directoras, se realiza en alguna ciudad de Estados Unidos.

En una ocasión fue en California, Mary Kay la planificó, y ella para planear eventos era algo especial. En esta conferencia honró al equipo de madre e hija, que siendo Directoras asistían a esta conferencia.

Fuimos reconocidas en este nivel de Texas, Etelvina Hernández y su hija Mónica García; de New York, Inés Rodríguez y su hija Patricia Rodríguez; de California, Rosa Enríquez y mi hija Gabriela Enríquez.

Nos condujeron a nuestro hotel, a desayunos, a lunch y a cenas en lujosas limusinas. Llegó la televisión, la radio y los periódicos a entrevistarnos; Mary Kay llevó a un fotógrafo y un pintor, para que nos hicieran fotos y una pintura. En el escenario nos condecoró y nos dio una placa con un abrazo cariñoso. Mary Kay en su discurso, dijo "que para ella era una dicha muy grande", ver que las hijas si lo deseaban, podían seguir la carrera de su madre"

Por ese tiempo la directora de mi directora, una señora Coreana, Patricia Herían; nos invitó a las directoras latinas de su grupo a reunirnos con la Directora Nacional, Coleen Shadley, a la cual pertenecíamos. Coleen, estaba promoviendo en su área la posición de Directora Nacional, nos ofreció un lunch en su casa, yo asistí y me sentí feliz y satisfecha; pues invité a todas las directoras de mi línea. Para estos días, ya tenía en mi unidad directoras de primera línea, o sea las que yo había reclutado personalmente.

Directoras de segunda línea, las que habían reclutado la primera línea, y directas de tercera línea, descendientes de la segunda línea, un grupo hermoso. Llegamos muy entusiasmadas, pues Coleen en su invitación nos animó a soñar en lo máximo desde un principio. Y en su clase, nos dijo que lo más grandioso de esta carrera es que Mary Kay Ash con su magnífica imaginación de empresaria; creó este plan de mercado donde no hay barreras, y todas podemos empezar a subir la escalera sin perder el tiempo. Sin esperar ni atropellar a nadie, o sea, a nuestro propio paso y si trabajamos con fe y constancia; en cada escalón habría éxito.

Nos dijo esta frase que no se me olvida: "el éxito no es un punto de destino, el éxito se vive en el camino, cumpliendo nuestras metas con fe, decisión y determinación propia". Nos platicó que ella empezó en la compañía casi desde sus principios, y que muchas de las directoras de su unidad, habían debutado como nacionales antes que ella; pero cada vez que una directora de su línea lo lograba; esto era un éxito y le producía una gran felicidad en su carrera.

Y que nos había convocado a esta reunión, porque veía en nosotros muchas cualidades, una gran fe, determinación, y que estaba segura que de este grupo se formarían muchas áreas nacionales.

Todas nos mirábamos como niñas sorprendidas, parecía que esta señora había entrado a nuestro interior; y nos había ayudado a ver nuestros talentos. También nos dijo que ella no sabía quién sería la primera; tal vez que una directora que acababa de empezar, o quizás alguien que ya trabajó en el negocio por tiempo; y va a hacer uso de su experiencia.

Dijo: "Lo que sé, es que esta experiencia será maravillosa". Todo esto nos fue traducido, pues nuestra directora Coleen Shadley no hablaba español, pero eso sí; se las arreglaba para comunicarse con nosotros.

Sólo la veíamos en conferencias y seminarios, era muy atenta, cálida y respetuosa con nosotros, sobre todo a medida que le fueron llegando los reportes de nuestro gran trabajo. Salimos de esa reunión, como si nos hubieran inyectado energía.

Nos orientó a que tuviéramos comunicación, y trabajáramos con todas las consultoras y directoras que pertenecían a nuestra unidad, ya fuera unidad senior, unidad ejecutiva, o sea, con todas nuestras consultoras, nuestras directoras y las consultoras de las directoras. Afortunadamente todas lo podríamos hacer; y no sabemos quién lo haría primero, lo que sí es seguro, es que tendremos celebraciones en áreas hispanas.

Salimos entusiastas y motivadas, a alcanzar nuestro siguiente nivel, y cada una a trabajar nuestra meta. Todas las directoras de mi unidad, planeamos trabajar muy juntas y formar un equipo.

Empecé una reunión de directoras cada mes, y cada una empezamos a trabajar un poco más allá de nuestra área de confort, todas nos dimos apoyo en la reunión, tomábamos turno para ser maestra; y así compartimos nuestras experiencias y nuestros talentos.

Había reconocimientos y premiaciones, aprendí tanto de todas, cada directora se puso su meta y la trabajó a su paso.

Maria Luz Rodríguez, una excelente directora en mi grupo de primera línea, logró convertirse en reina nacional de reclutamiento; algo que ninguna mujer mexicana había logrado antes. Tuvimos la dicha de que Mary Kay Ash la coronara, y que pudiera ver que el área hispana recién nacida estaba triunfando.

Este acto fue de orgullo para toda el área hispana, y para todas nosotras. Para este tiempo, nuestra Unidad las Abejas de Oro, había alcanzado el nivel de Directora Ejecutiva Elite; y varias directoras estábamos manejando Cadillacs.

Lupita Magaña, Enedina Paredes, Carmelita Franco, Maria Luz Rodríguez, Antonieta Loya, Maribel Barajas, Martha Villarreal, Rebeca Márquez, María Aguirre, Esperanza Medina y Rosa Enríquez.

Con todo este grupo de mujeres triunfadoras, corrían más de 50 carros por las carreteras de Estados Unidos y México; pagados por Mary Kay, incluyendo seguro y excelentes comisiones, haciendo nuestro trabajo. Cambiamos de modelo cada dos años, una bendición para nosotros, para el país y para el mundo. Todas estas extraordinarias mujeres desarrollaron carreras exitosas por décadas; y algunas de ellas siguen pintando su cuadro, y viviendo su sueño color de rosa después de treinta años; y aún actualmente.

En Mary Kay, cuando una directora hace una producción de 350 mil dólares al año; alcanza el nivel y el premio del círculo de la excelencia, y con esta excelente unidad, las abejas de oro lo ganamos tres años. Y así llegó a nuestra vida el viajar por todo el mundo, al estilo Mary Kay.

Lo hacíamos en lujosos cruceros y hermosos hoteles, y gracias a Dios Luis y yo lo disfrutamos. Nuestros hijos nos despedían dichosos, pero lo más grandioso es que muchas de las directoras de mí línea siguen ganando estos viajes maravillosos.

En verdad, yo considero que fue una bendición conocer personalmente y trabajar con tantas mujeres; maravillosos seres humanos, increíbles, que tomaron el excelente plan de mercado que Mary Kay legó al mundo; y lo hicieron suyo.

Yo tuve la dicha de ser su Directora Nacional, y por medio de las promociones, ellas mismas se ponían metas y las cumplían. Una de las directoras de mi primera línea, Martha Villarreal, una mujer mexicana, desde el principio desarrolló una carrera exitosa. Tenía obstáculos como todas nosotras. Pero a ella no la detenían, no tenía carro, pero transportaba a sus invitadas en autobús, y siempre llegaba a la oficina con cuatro o cinco invitadas. En cuanto conoció la promoción del carro para consultora, lo empezó a calificar, lo ganó y en un año ganó los tres modelos de carro. Lo hizo hasta alcanzar el Cadillac, y manejar el carro de Mary Kay.

Aprendí tanto de ella, cuando tengo situaciones difíciles, solo pienso en Martha Villarreal; y tengo que levantarme y seguir adelante.

Rosa Enríquez

Otra de las directoras jóvenes se llama Rafaela Galves, mexicana, dejó asombrada a nuestra nacional Coleen Shadley; al convertirse en reina de ventas año tras año.

En una área nacional tan grande, y tan alta en producción, y ahí estaba esta excelente jovencita, mexicana, coronándose reina y haciendo el éxito suyo.

Mary Wright, una mujer de El Salvador, trabajadora, positiva y persistente, enamorada de la carrera de Mary Kay, Directora de segunda línea del área Enríquez. Vivía lejos, pero siempre llegaba a mis clases y reuniones. Cuando la conocí, era dueña de un restaurante, ella sola lo administraba muy profesionalmente; sería largo de contar, pero lo vendió y se dedicó a Mary Kay.

Blanca Madrigal, una mexicana madre de tres hijos, llegó a mi unidad con su niña en los brazos, y con la bebé llegaba a las reuniones en dos o tres autobuses. Así ganó el carro, y se convirtió en directora en medio de tremendos obstáculos. He leído que la palabra entusiasmo quiere decir Dios dentro de ti, pues solo les digo; Blanca Madrigal es una mujer entusiasta, y yo me siento dichosa de que haya formado parte de mi área

Lupita Magaña

Una de las directoras de mi unidad, me invitó a trabajar más cerca de ella, así lo hicimos y empezamos a trabajar y hacer clases en diferentes ciudades, cada vez más lejos, ella es mucho más joven. Desde que nos conocimos, nos tratamos como dos amigas confidentes; como si fuéramos de la misma edad, ella es una persona hermosa, alegre, positiva, optimista y triunfadora.

Ella es Lupita Magaña, desde el día que llego a mi unidad, fue como si un rayo de sol llegara a nuestro grupo, pues en cada reunión, evento o clase que yo organizaba, ella estaba presente motivándonos con su entusiasmo. Exhortándonos a mí y a todo el grupo, a trabajar por lo mejor, por lo máximo y lo mejor de todo.

Fue una bendición trabajar disfrutando en medio de esa energía positiva; y un día sucedió lo que nuestra directora nacional, Coleen Shadley decretó. Lupita Magaña fue la primera directora de aquel grupo, que debutó como Directora Nacional; yo consideró que fue un triunfó de la mujer hispana, y especialmente mexicana en este gran país, y en nuestro grupo una bendición.

Lupita Magaña, con su excelente manera de trabajar, hizo que germinara la semilla de la fe que un día nuestra Nacional, puso en este grupo de mujeres latinas. Casi todas amas de casa, líderes de una familia, con grandes responsabilidades en sus hombros, pero con fe en Dios; decididas a sacar adelante a sus familias y realizar sus sueños trabajando.

Rosa Enríquez

El ejemplo de Lupita nos impactó a todas, y fortaleció nuestro espíritu, yo me sentía dichosa y bendecida. Yo creo que quien celebra el triunfo de sus hijos me entiende; pues así vivo y celebro la vida de esta gran mujer, que gracias a Mary Kay llegó a mi vida. Es un premio muy grande, Lupita ha realizado en Mary Kay una carrera espectacular, colocando su poderosa área hasta el nivel más alto, el prestigioso Círculo Interior por décadas siendo Directora Nacional Ejecutiva de cuatro fantásticas Directoras Nacionales; Maribel Barajas, Elizabeth Sánchez, Gladys Camargo, Alejandra Zurita y una Directora Nacional de segunda línea; Paola Ramírez.

El día que Lupita Magaña debutó como directora nacional, en el seminario de Dallas fue una explosión de entusiasmo. Por primera vez una mujer mexicana pisaba la cima de esta gran compañía; con producción de millones.

Las abejas de oro lo celebramos con música y alegría, pues ella es la hermana mayor de las abejas de oro; yo me siento dichosa y bendecida, ya que ella siempre me trata con mucho cariño y respeto. Me sigue apoyando y motivando, a mí y a toda mi unidad, hay un detalle muy especial, desde el día que llegó a mi unidad me empezó a llamar madre, tuve la dicha de conocer a su madre.

Y un día le dije: "señora María ojalá no se ofenda, porque Lupita me llama madre", y me contestó de ninguna manera, ella cuando habla así le sale del corazón, y he observado que lo hace con todo respeto y yo me siento tranquila. Lupita ha sido parte de nuestra familia, y una bendición.

Ella me siguió apoyando y motivando a seguir con la carrera. En ese tiempo, la directora del departamento hispano, Elizabeth Zukerman, empezó a mandarme mensajes de motivación; y me decía que mi unidad estaba casi lista para empezar la calificación a Directora Nacional.

Mi directora nacional, Coleen Shadley, ya tenía instrucciones para orientarme, y en el próximo seminario, el presidente de la compañía se reuniría conmigo en las suites de nacionales; para entregarme las reglas, si yo así lo deseaba.

Calificación a Directora Nacional

En verdad fue una sorpresa muy grande, pensé !¡Dios mío! voy a entrar a ese lugar, pues a esa suite no entraba ninguna directora ni consultora, solo las nacionales; hablé con mi esposo y la familia.

Les expliqué lo más que pude de lo que se trataba; era muy serio, era como fundar una empresa, fundar una empresa o una negocio muy grande. Les expliqué la información que me dio la compañía. En esos días, yo recibía cheques mensuales de 12 mil dólares, y al terminar la calificación esa suma se doblaría; para mí era maravilloso. Esto traería beneficio a toda la familia; y para mí era lo más importante.

Les dije que necesitaba comprensión y ayuda, que siempre me habían ayudado, pero hoy era en serio, que si alguno no podía o no quería estaba bien; pero yo necesitaba saber con quién contaba.

Todos me dijeron que contara con ellos cien por ciento, y yo supe que podía estar seguro de esto, porque siempre la familia Enríquez hemos sido un equipo; y todos ayudamos en el sueño o la meta del otro.

Así había sido en los años anteriores, pues mi hija Gaby estuvo trabajando junto a mí los primeros años de la carrera; y tenerla junto a mí esos primeros años fue fabuloso, pues yo todavía no me sentía segura en este negocio donde se trata de belleza, imagen femenina, coordinar colores, joyería, actitud para trabajar con mujeres; etcétera.

Yo siempre había trabajado con hombres y en trabajos muy diferentes. Ella fue para mí un apoyo total, como le gustaba tanto el maquillaje, las joyas y la buena ropa, lo hacía con mucho gusto; le pagué un curso de maquillaje y eso fue estupendo.

Ella le daba a la unidad las clases de maquillaje, y cómo coordinar la ropa, los colores y la joyería. Yo siempre he sido muy descuidada con todo eso, pero en este tiempo ella se encargaba de revisarme antes de salir. Cuando asistía a algún evento, ella siempre llevaba todo por si algo necesitaba; cambio o arreglo, la mayoría de las veces llegaba yo sin aretes, collar, anillos o brazaletes, pues no me gustan.

Ella con mucho tacto me decía: mami vamos al baño, y allí me transformaba, lo mismo hacía con las consultoras y bueno, ya compartí cómo trabajé con la unidad en México.

Mi hijo Luisito siempre me ha ayudado en todo desde niño; y en este negocio me dio todo su apoyo, pero tengo grabado en mi mente el día que debute como directora aquí en California; mi Directora me dio la orientación, me dijo que necesitaba un evento con cena.

Que vendrían nuestra Directora Superior a graduarme, que vendrían todas las consultoras de mi unidad, todas las directoras de nuestro grupo, yo para organizar algo así estaba en cero.

Nunca había hecho algo así, busqué un lugar para hacer este evento, pero este lugar no estaba en uso y había que limpiarlo.

Rosa Enríquez

Evelyn y Luisito se pasaron todo el día limpiándolo, y trayendo todo lo que se ocupaba para el evento, es algo que agradezco tanto; pues Evelyn es una maestra de universidad, y verla ese día limpiando los baños, el piso y las mesas, es para mí como un regalo del cielo.

Mi hija Paz en ese tiempo, trabajaba al frente del programa de diabetes en Los Ángeles; es enfermera y se especializó en este programa, le gustaba mucho. Había empezado a trabajar conmigo parte del tiempo. Al darse cuenta que estaba yo batallando mucho para encontrar una secretaria que trabajara en la oficina, decidió pedir un permiso, y se vino a trabajar conmigo para ayudarme, por lo menos durante la calificación.

Esto fue fabuloso, pues pude dejar toda la oficina, papelería, bancos, dinero y comunicación con Dallas en sus manos; con toda confianza, a los pocos meses se convirtió en Directora y ganadora de un carro.

Con esto conoció a fondo la filosofía de Mary Kay, le gustó y dejó el otro trabajo; y se quedó trabajando conmigo y como Directora con Mary Kay. Así pude dedicarme a dar clases a las consultoras, directoras, y organizarles seminarios de superación personal, motivación y ventas.

Ella empezó a hacer nuestro boletín muy profesional, se encargó de ponerme en limpio las clases que yo daba, y diseñaba las promociones que yo ponía. Manejaba el dinero y todo el material que se necesitaba; fue algo hermoso, sobre todo porque nuestra relación se hizo muy fuerte.

Yo siempre le digo a las dos que son mis dos alas, porque Gaby estuvo conmigo cuando empecé; y califiqué para

Directora, y Paz estuvo junto a mí durante la calificación hacia una área nacional, toda la carrera hasta el día que me retiré.

Durante toda la carrera, toda la familia participó en diferentes ocasiones. Cuando organizamos entrega de premios, alguna celebración o seminario, hay una ocasión que siempre tengo en la mente; porque hasta los niños pequeños participaron.

Fue en nuestra casa una noche de estrellas, nuestras nietas, Cristina, Laura y Pherrin, entregaron flores a las estrellas cuando iban llegando. Evelyn y nuestras hijas fueron las meseras; los nietos Micke y Johnny, repartieron los refrescos. Mi esposo y mi hijo se encargaron de la comida, tuvimos mariachis y un conjunto para bailar, que tocaban y cantaban precioso. Nuestros vecinos dijeron que nunca habían escuchado música mexicana tan bonita; que por qué no los había invitado.

Les dije: "Perdón, pero fue para mis estrellas, la fiesta fue en el jardín de nuestra casa bajo las estrellas y para las estrellas, porque en ese tiempo yo no tenía dinero para pagar un salón; pero las meseras se vistieron de meseras, y hasta se pusieron corbata de moño".

Mi esposo y mi hijo sirvieron una cena mexicana muy rica, Dino, el esposo de Gaby, en ese tiempo era su novio, él decoró las paredes de mi oficina con mensajes motivantes; y las placas que yo había recibido durante mi trayectoria. En verdad quedó muy bonita, esta es la familia con la que me embarqué en este viaje, en cuanto mandé la aplicación, tuvimos una reunión con la familia.

Rosa Enríquez

Les comuniqué que empezaban los cuatro meses de calificación, les di las gracias por su apoyo, y les dije: lo que más necesito es tranquilidad, así que les voy a pedir algo a todos; si en este tiempo alguien de ustedes tiene un problema, comuníquelo al grupo y ayúdense entre ustedes; de esta manera me van a ayudar muchísimo

Todos hicieron un trabajo excelente, al mismo tiempo me reuní con todas las directoras y sus unidades; cada directora planeó su producción y su reclutamiento.

Tuvimos varias promociones, y todas las directoras trabajaron con mucho entusiasmo y compañerismo. Nació en todo el grupo una unidad muy hermosa, en nuestros eventos reinaba la alegría; y nos motivábamos unas a las otras.

Con este grupo de mujeres extraordinarias y decididas a superarse y esta familia, en mi futura área, fui bendecida y afortunada; por eso logramos construir una área hispana poderosa, miembro del prestigioso Círculo Interior.

Y así empezamos a trabajar la calificación, al darme la orientación me hicieron saber que cada Directora Nacional, elige una canción para que sea la rúbrica del área. Se tocará en los eventos al momento de presentarme, y quedará registrada en la compañía para siempre, nadie más podrá usarla. Tuvimos un concurso para elegir la canción y nos divertimos mucho, la canción ganadora fue: "Abriendo Puertas", la canta Gloria Estefan. El día que fue nuestro debut, esta música caribeña inundó el Centro de Convenciones de Dallas.

Vamos a la Cumbre Abriendo Puertas

"Abriendo Puertas" de Gloria Estefan

Como después de la noche
Brilla una nueva mañana
Como después de la noche
Brilla una nueva mañana
Así también en tu llanto
Hay una luz de esperanza
Así también en tu llanto
Hay una luz de esperanza
Como después de la lluvia
Llega de nuevo la calma
Como después de la lluvia
Llega de nuevo la calma
El año nuevo te espera
Con alegrías en el alma
El año nuevo te espera
Con alegrías en el alma
Y vamos abriendo puertas
Y vamos cerrando heridas
Porque en el año que llega
Vamos a vivir la vida
Y vamos abriendo puertas
Y vamos cerrando heridas
Pasito a paso en la senda
Vamos a hallar la salida
Como al salir de las tierra
Vuelve a cantar la cigarra
Como al salir de las tierra
Vuelve a cantar la cigarra
Así es el canto que llevan
Las notas de mi guitarra
Así es el canto que llevan
Las notas de mi guitarra
Como a través de la selva
Se van abriendo caminos
Como a través de la selva
Se van abriendo caminos
Así también en la vida
Se va labrando el destino
Así también en la vida
Se va labrando el destino
Y vamos abriendo puertas
Y vamos cerrando heridas
Porque en el año que llega
Vamos a vivir la vida
Y vamos abriendo puertas
Y vamos cerrando heridas
Pasito a paso en la senda
Vamos a hallar la salida
Abriendo puertas
Cerrando heridas
Que en la vida hay tanto por hacer
Deja tu llanto y echa pa'lante con fe
Abriendo puertas
Cerrando heridas
Yo te lo digo de corazón
Que el año nuevo será mucho mejor
Abriendo puertas
Cerrando heridas
Abriendo puertas
Cerrando heridas
No existen barreras para ti
Si te propones serás feliz, muy feliz
Abriendo puertas
Cerrando heridas
Que el fracaso es puro invento
Ya no me vengas con ese cuento, no, no.

Mientras yo bajaba por las escaleras del brazo de nuestro Vicepresidente Gary Jinks, todas las directoras entraron al escenario tocando maracas, güiros y cantando. Abriendo puertas y cerrando heridas, todas unidas y con la meta firme de ser un equipo, y ponernos en el centro del campo, jugando nuestro mejor partido. Dimos el cien por ciento, todas nuestras cualidades y el resultado fue una calificación exitosa. Seguí haciendo seminarios y clases para todas las consultoras y directoras. En muchas ocasiones busqué los servicios de profesionales en el campo de la superación; imagen, etiqueta y comportamiento social, yo personalmente di un seminario que se llamó "Universidad, el Saco Rojo".

Lo llamé así, porque para mí, Mary Kay fue mi universidad, las clases las tomé subiendo y bajando escaleras, dando clases de belleza a personas que vivían en el tercero o cuarto piso; donde personas amables me abrían las puertas de su casa.

Pasábamos un rato agradable, aprendiendo a cuidarse la piel y a maquillarse, yo hacía la venta y ellas quedaban felices al sentirse diferentes, y haberse dado un tiempo para consentirse.

En otras ocasiones, bajaba las escaleras con mis maletines, pues no me habían abierto la puerta; esta era otra de las lecciones que me estaba dando la universidad de la vida.

Rodeándome de seres increíbles

Cuando empezaba a ser Directora, tuve la bendición de conocer a Rafael O'farrill, él dio el primer seminario de Superación Personal a mi unidad, su persona y trabajo me encantaron y seguimos recibiendo sus clases periódicamente, a través de esto lo fui conociendo y nació entre nosotros una bonita amistad.

En mí nació el deseo de conocer a la madre de este hombre tan único, un día me presentó a su madre en el lugar donde ella había fundado el Instituto O'Farrill, el Hotel Biltmore, en Los Ángeles; California.

Ese día me enamoré de Margarita O'Farrill y de su obra; ese mismo día me inscribí a su curso, y también inscribí a mis dos hijas, Paz y Gaby, esto significaba mucho dinero para mí en aquellos tiempos, pero no dude ni un momento.

Hoy le doy gracias a Dios, pues fue la mejor inversión y el dinero mejor gastado, ya que al ir tomando el curso juntas, se fortaleció nuestra relación de una manera maravillosa; y cuando terminó la capacitación, las tres salimos completamente cambiadas, listas para caminar a través de cualquier camino.

Mi unidad y yo seguimos tomando clases con Rafael. Él capacitó a mi unidad las abejas de oro por varios años, tiempo después, tuvimos seminarios y eventos maravillosos con otro miembro de esta familia, Elsa O'farril, fueron enseñanzas que quedaron grabadas e impactaron la vida de cientos de mujeres, al mismo tiempo la mía y de mi familia.

Rosa Enríquez

Seguimos caminando en este tiempo, nuestra hija Gaby se casó con Dino Valentin. Ese fue un día de felicidad para toda la familia.

En el 2004 Dios envió una bendición a Dino y a Gaby; tuvieron una niña a la que llamaron Isabela y volvimos a ser abuelos.

Paz siguió trabajando, y mandando material de motivación, información e ideas de ventas y reconocimientos.

En ese año empezamos a enviar mensajes de motivación ya que ese sería nuestro año.

A continuación tendremos ejemplos de las cartas de motivación y saludo que enviabamos a las directoras de mi área al igual que veremos ejemplos de los boletines mensuales que recibían.

En Enero Te deseo

Enero del 2001, saludos, aplausos, felicitaciones y un brindis a todas las abejas de oro y sus familias, al recibir este bendito año 2001, en el que trabajaremos unidas y con entusiasmo por el título de área nacional Enríquez. Querida unidad, mis deseos para ustedes son: 12 meses de prosperidad, 52 semanas de alegría, 8.760 horas de salud, 525.600 minutos de bendiciones, 3.153,600 segundos de amor.

Feliz año nuevo, abrazos con cariño y amor.Rosa Enríquez

TE DESEO

12 MESES DE PROSPERIDAD

52 SEMANAS DE ALEGRIA

365 DIAS DE EXITO

8760 HORAS DE SALUD

525,600 MINUTOS DE BENDICIONES

3, 153,600 SEGUNDOS DE AMOR

QUE TENGAS UN FELIZ "AÑO NUEVO 2012"

Febrero

Es un placer saludarlas durante este mes de febrero; cuando empecé a hacer este negocio, me di cuenta que se trataba de vender cosméticos, pero mientras recorría este camino, encontré algo de mucho valor, la amistad de las clientas, de las consultoras, de las directoras y de las familias de todas ellas.

La amistad de los empleados de toda la compañía, esa amistad que a través de este camino ha crecido como un río de aguas cristalinas, así es la amistad de todos ustedes para mí, muchas gracias por su amistad, que Dios las bendiga.

Rosa

Una amiga es un Tesoro

Podrás conocerla porque percibe
antes que nadie la hendidura de tu corazón.
Porque cubre con delicadeza tus defectos y muestra tus virtudes.
Porque no te dice que la busques si la necesitas:
siempre está a mano, siempre está dispuesta, entregada.
Porque tus cosas se reflejan en ella y te aconseja
poniendo lo mejor de sí misma.
Porque no solo sufre con tu dolor, sino que sabe crecer con tu éxito.
Porque nunca te das cuenta del sacrificio que está realizando.
Porque no calcula lo que tienes, ni mide el punto donde te coloca la
sociedad: dentro de ella siempre tendrás tu propia dimensión.
Porque te halaga pocas veces y te contradice muchas.
Porque cada vez que sales en su compañía quisieras ser mejor.
Porque cada vez que hablas con ella té inudan la paz, el consuelo, el amor.
Porque tu conciencia no te la reprocha.
Porque tu confianza no le teme.
Porque tus locuras no la alejan.
Porque es la primera que viene a tu mente en los golpes de la vida.
Porque ella se mide para no herirte, pero a la hora de la verdad,
habla sin reservas.
Porque para ti no hay parte oscura en su corazón y ella vive despejando tu
camino, impulsando tus sueños y gozando tus realizaciones.
Porque sabe rezar.....y pide tu felicidad
como algo que también es esencial para ella.
Si no la conoces, búscala.
Y si la tienes, valórala como un tesoro,
como un don gratuito y supremo de esos que Dios da a sus escogidos.

~ Zenaida Bacardi de Argamasilla

Área Nacional Enriquez
M.L.

Vamos a la Cumbre Abriendo Puertas

Rosa Enriquez Directora Nacional Senior Emerita

Receta Para Edificar Tu Carrera

A un ramo de doce hermosos meces:
- Quítale completamente la indecisión. Las excusas y el desanimo.
- Ponlo todo fresco y limpio como si viniera del almacén del tiempo.
- Corta esos meses en 30 pedazos pero no amarres juntos estos 30 días.
- Habla con Dios de tu plan y pídele su guía
- Toma cada día y complétalo como sigue;
  - Ponle doce partes de **fe**,
  - once de **paciencia**,
  - diez de **sinceridad**,
  - nueve de **animo**,
  - ocho de **perseverancia**,
  - siete de **confianza**,
  - seis de **descanso**,
  - cinco de **sueños**,
  - cuatro de **esperanza**,
  - tres de **caridad**,
  - dos de **meditaciones** y
  - una de **resolución**.
- A todo esto agrégale una cucharadita de buen espíritu, una rociada de alegría, un pellizco de jovialidad, una brizna de juego, una taza de buen humor, una buena cantidad de amor y de felicidad.
- Mézclalo todo con jubiló y entusiasmo una vez que este listo.
- Sírvelo junto con un facial a toda persona que encuentres en tu camino.
- El resultado será un excitante y exitoso año 2013

Deseándote éxito Rosa Enríquez
Directora Nacional Sénior Emérita

Rosa Enríquez

Marzo

Querida unidad.-

En este hermoso mes de marzo, gracias a Dios empezamos a calificar. La primavera está aquí, y yo espero que en tu jardín broten muchos capullos y que seas tu, la linda jardinera que con cuidado y cariño, les pongas abono, agua y nuestras cremas hidratantes a tu clientela; y de esta manera seas la mejor consultora o la mejor directora de nuestra unidad y de nuestra futura área, empezamos, primera llamada.

Rosa Enríquez

OPERACIÓN CRECIMIENTO

"SIEMBRA TU JARDÍN DE ÉXITO"

Ésta es la época de plantar las semillas
De cultivar la tierra y alimentarla día con día

Cree en sus sueños y riégalas a menudo
Formarán equipos - ramos de un jardín fecundo

Muéstrales el campo donde las verás crecer
De una en una, mes tras mes

Algunas se marchitarán al amanecer
Enfócalas hacia el sol y volverán a florecer

Dales espacio, guíalas con tu ejemplo y amor
Y muchos de tus capullos se abrirán en flor

Si se desvanecen, levántalas con ternura
Tu confianza en ellas les devolverá su altura

Las flores que cuidas con cariño
Son vidas que tornas en tu camino

Tú tienes el toque especial del jardinero
Comparte el sueño, perpetúalo con esmero

Y cuando al Año de Seminario le llegue su fecha
Un "ramo de ensueño" será tu cosecha

Rosa Enríquez

Abril

Querida unidad.-

El barco de nuestra calificación va viento en popa, y ya vamos a entrar a la recta final, solo nos faltan dos meses, mayo y junio, si todas ponemos nuestro grano de arena y trabajamos unidas; llegaremos al seminario como flores frescas desbordantes de alegría, con nuestro tema nos veremos en la cumbre.

Rosa Enríquez

Barco de Líderes LeaderShip 2007

LEADER SHIP =
Las lideres de este barco que es la oportunidad de Mary Kay, pasaran una noche contemplando las estrellas abordo de un fabuloso barco

Se reúnen nuestras fabulosas lideres en Mary Kay Celebramos el principio de un año lleno de éxito y maravillas abordo de un gran barco. Quien de ustedes subirá a este barco? Quien empezará este viaje de un fabuloso año mas en Mary Kay Súbete al barco el viaje es tuyo!

Una gran Celebración con cena, música y una vista maravillosa del porte de San Diego por la noche.

Jueves 18 de Enero 2007
6:45p.m. / Costo: $72.000 por persona

San Diego Harbor Excursión
Subida al barco: 6:45p.m
1050N. Harbor Drive
San Diego, CA 92101

Tu eres el capitan de este barco y de tu unidad

Rosa Enríquez

Mayo

Querida unidad.-

El mes de mayo es el tiempo en que se celebra a las madres, y estoy aquí mandándoles un reconocimiento muy especial, pues la misión que ustedes desarrollan como madres tiene un gran mérito; ya que al mismo tiempo desarrollan su carrera, logran su superación personal y con su ejemplo, impulsan a sus hijos a superarse, ya que ustedes son un modelo.

Muchas felicidades, reciban mi respeto y admiración.

Área Nacional Enríquez

BOLETÍN
Mayo 2003

El Heraldo De Las Abejas De Oro

MARY KAY

Hola queridas Directoras,

El mes de mayo es el tiempo en que se celebra a las madres y estamos aquí dándoles a ustedes un reconocimiento muy especial pues la misión que ustedes desarrollan como madres tiene un gran merito ya que al mismo tiempo desarrollan su carrera, logran su superación personal y financiera.

Con su ejemplo impulsen a sus hijas a superarse ya que ustedes son un modelo. Felicidades y en este mes de mayo tan hermoso también celebramos el cumpleaños de Mary Kay. Yo creo que somos muy dichosas ya que ella. cuando nos dirigía sus discursos nos llamaba "hijas" así que de mi parte felicitaciones y aplausos para ustedes

Que Dios las Bendiga,

Rosa Enríquez

Las 5 Directoras Mas Exitosas del Área Enríquez Abril, 2003

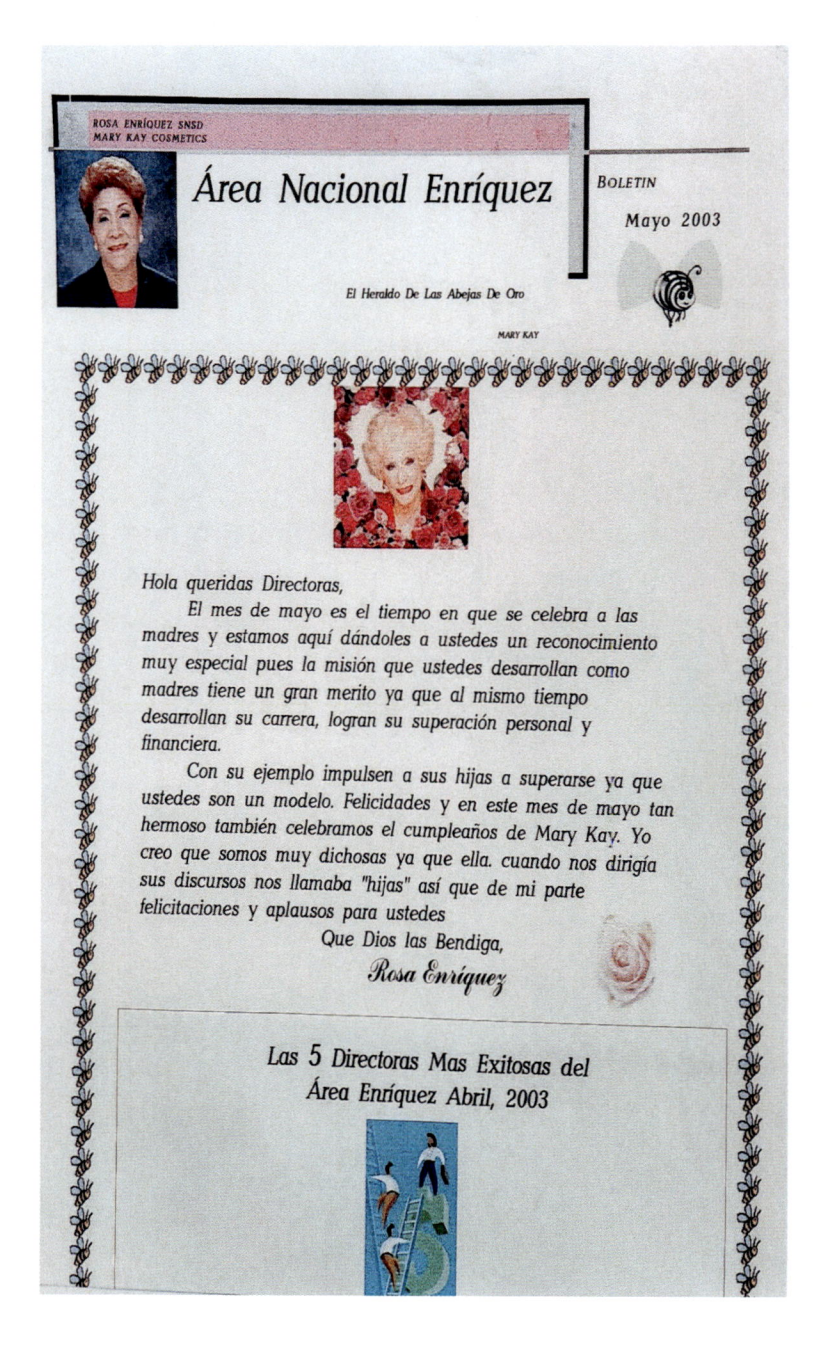

Rosa Enríquez

Junio

Un saludo muy especial a todas las abejas de oro.-

Ustedes personifican verdaderamente a las abejas, y como ellas visitan las flores para recoger la miel, todo el fruto del trabajo que ustedes están realizando, con precaución y decisión será un éxito; pues estamos siendo parte de una área en construcción.

Gracias al trabajo de todo el grupo yo me siento bendecida, y muy orgullosa de cada una de ustedes. Con su espíritu de lucha y superación enriquecen mi vida, gracias a Dios este es nuestro último mes.

Y recuerden, nos veremos en la cumbre y seguiremos abriendo puertas y cerrando heridas, porque el año que viene vamos a vivir la vida.

Rosa Enríquez

Cartas a las Directoras

Preparación para la Calificación de Directora Nacional

Ha sido una bendición recibir tanto apoyo de la compañía, pues vino de Dallas la gerente de desarrollo de ventas, y nos hizo un seminario en "Hotel Ritz" en Pasadena, solo para nuestra futura área, nos dio a saber que contamos con el apoyo total de Mary Kay.

Ella es una persona muy amable, nos dio su teléfono personal y nos dijo que ella y su departamento, están a nuestra disposición, también vinieron este mismo mes el equipo de fotógrafos de la compañía, a tomar las fotos y el video para nuestro debut, ellos son muy profesionales. Hablaron con Paz días antes acerca del vestuario, y los lugares donde iban a tomar fotos, como la casa, la oficina, un parque, un lunch con la familia, el lugar donde mi esposo y yo acostumbramos ir a bailar.

Un estacionamiento grande para tomar fotos de todos los carros, y todas las directoras de la unidad, ellos necesitaban que todo estuviera listo, tomaron fotos en la oficina durante una reunión.

Pasaron dos días tomando fotos y videos, y todas ustedes se portaron muy responsables y puntuales, yo solo puedo decirle mil gracias y me siento felíz de saber que todo esto ustedes lo pueden tener.

Con estos actos ustedes están conociendo nuestra compañía, mi esposo, la esposa de mi hijo ayudaron y participaron.

Rosa Enríquez

Yazmin hizo un lunch delicioso para toda la familia; cuando invité a los fotógrafos a comer, me dijeron que no podían aceptar porque ellos son empleados, y la compañía les tenía todo pagado, todos sus gastos, pero aceptaron.

Al terminar me dijeron que había sido una gran experiencia, porque habían podido ver en nosotros una familia muy unida, estos eran los últimos días de calificación; yo me sentía nerviosa pero muy dichosa.

Al ver que todas las unidades participaron con puntualidad, respeto y entusiasmo, esto para mí fue un regalo, una bendición, pues un día antes de terminar el mes; pusimos toda la producción que se requería para la calificación.

Gracias a Dios y al trabajo de todo el equipo respiramos tranquilas, pues habíamos realizado el mejor juego de nuestra trayectoria, nos sentíamos satisfechas, pues todos dimos el 100%, solo tocaba esperar para ver si lo logramos.

Con cariño,

Rosa Enríquez

El Heraldo de Las Abejas de Oro

Julio, 2001

Hola queridas directoras y consultoras, por fin puedo anunciarles que gracias a Dios y al apoyo de todas ustedes, de mi familia y sus familias, lo logramos. Este hermoso mes de julio nace el Área Nacional Enríquez, gracias a cada una de ustedes por su apoyo, por su cariño, pero sobre todo por el trabajo tan fabuloso que realizaron; la noticia me la dieron el martes a las 11:00 de la mañana.

Lucy Monahan me llamó, y empezó diciendo que buscaba a la señora Rosa Enríquez, porque esta persona había sometido un acuerdo. El año de 1979 pretendía ser consultora de belleza en la compañía de productos cosméticos Mary Kay, y hoy, julio 3 del año 2001; la compañía la declara Directora Nacional de Ventas.

Muchachas, ese momento fue maravilloso, estábamos en mi oficina la Directora Blanca Madrigal, mi hija Paz y yo, nos abrazamos, le dimos gracias a Dios, gritamos, reímos, lloramos, y a través del teléfono en Dallas se escuchaba un gran alboroto; todos los empleados tomaron el teléfono y nos mandaron felicitaciones.

Después de este momento, me dijeron que de las 22 directoras en calificación, nosotros éramos las primeras en concluir la contabilidad; y que esto es un récord.

Yo me sentí tan orgullosa de ustedes, les doy las gracias desde el fondo de mi corazón, de mujer mexicana, y las invito a seguir poniendo a nuestro pueblo hispano en los lugares más altos; pero con nuestro esfuerzo y trabajo.

Y dándole ejemplo como este a las generaciones futuras; gracias a toda nuestra área, este trabajo que estamos realizando es una primicia para ustedes, para nuestras familias y para nuestra comunidad.

Le damos gracias a Dios, y le pedimos su guía para seguir nuestro camino.

Dame tu mano y se amiga

No camines detrás de mí, puede que no te guíe, no camines delante de mí, puede que no te siga; camina a mi lado, dame tu mano y se mi amiga.

Con cariño,

Rosa Enríquez

ROSA ENRIQUEZ NSD

Area Nacional Enríquez

BOLETIN
SEPTIEMBRE 2001

El Heraldo de Las Abejas de Oro

La determinación la tenemos que poner nosotros...

Hola queridas Directoras,

Septiembre es el mes en el que año con año celebramos la Independencia de varios de los países de nuestro continente "America."

Este mes ha sido un mes difícil en nuestras vidas. Como lo fue para las generaciones que vivieron los días en que se realizaban las Independencias de nuestros países. Dios estuvo con nuestros antepasados, ha estado con nosotros y seguirá estando con nosotros.

Mi deseo para ustedes es que Dios nos proteja en la palma de su mano y que nos de el valor de seguir adelante. La determinación la tenemos que poner nosotras. Mary Kay nos puso entre las manos la oportunidad para lograr nuestra Independencia —financiera y nos enseñó a hacerlo poniendo a Dios en primer lugar. Tomemos todo esto como un reto y no nos quedemos con este regalo que Dios y Mary Kay puso en nuestras manos como una antorcha de luz y de Paz. Hoy mas que nunca vamos a trabajar muy firmes para sacar adelante a nuestra comunidad y este país que nos ha dado casa, comida y sustento.

Las quiero mucho y me siento muy orgullosa de ustedes pues se que son unas verdaderas Lideres que no se detienen ante ningún obstáculo. Que Dios las bendiga gracias por su apoyo, por su asistencia y su amistad.

En Dios Confiamos

Con Cariño,
Rosa Enríquez
Directora Nacional Superior
Mary Kay Cosméticos

Rosa Enríquez

Los días siguientes trajeron un cambio total. La compañía nos llamó para indicarnos que el debut de nuestra área sería el siguiente mes de agosto; nos dieron instrucciones sobre el vestuario que necesitábamos para los diferentes eventos.

Nos mandaron una forma para ordenar el traje de nacional, a la compañía St Johns nos indicaron en qué hotel se debería registrar la familia y toda el área, nos pidieron que mandáramos los nombre de la familia y los invitados especiales.

Tendrían lugares especiales en todos los eventos y banquetes; una periodista de la compañía me entrevistó para poner mi historia en el video, y el libro que permanecería en el museo de la compañía.

Llegaron a la casa más de 10 arreglos de flores del presidente de la compañía; de cada uno de los departamentos en Dallas, y del centro de distribución en California. Me entrevistaron de varios periódicos y revistas, todo esto para mí era nuevo y sorprendente.

Al mismo tiempo, todo el grupo de directoras y consultoras que ya sumaban miles, estábamos de fiesta, así que mi familia y toda la unidad, el día de la reunión semanal hicieron una fiesta al estilo 04 de julio.

Con champagne, pastel, cohetes y fuegos artificiales, celebramos nuestra independencia personal y financiera; fue una noche llena de alegría y simbolismo, pues yo sé que de todo esto nacieron muchas metas.

Seguimos trabajando y preparando el viaje a Dallas para nuestro debut. Este perfecto trabajo lo realizó Paz, fue un trabajo tremendo pues estuvo a cargo de la producción de la oficina; los pasajes, los hoteles, mis discursos, clases, todo el vestuario, la joyería y los premios para toda el área. Lo más maravilloso es que no había estrés ni ansiedad; creo que nos sentíamos todos muy satisfechos con el resultado de nuestro trabajo, todo con entusiasmo y alegría.

En verdad lo disfrutamos, el día de nuestro debut llegó. Viajé con mi esposo y toda la familia, fue maravilloso, nos sentíamos muy felices, al llegar me dieron el programa; todo estaba perfectamente explicado.

A las 7:00 de la mañana me esperaría el presidente de la compañía para conducirme a desayunar; después me llevó al escenario para practicar mi bajada por la escalera del éxito. Mientras me explicaba, yo vi a un lado del escenario a dos señoras vestidas de negro, y con guantes blancos hablando en señas.

Él se dio cuenta de mi interés y me dijo: esto es un regalo de Mary Kay para ti, por tu historia. Ella supo que tu hija es sorda y que asiste al seminario; y mandó que tuvieras a estas traductoras para que tu hija comprenda la graduación de su madre.

Ellas trabajarán desde hoy, hasta el cuarto día que termine el seminario; tu hija no se perderá de nada. Esto para mí fue maravilloso, se me salieron las lágrimas, le di gracias a Dios y le pedí bendiciones para esta compañía.

Después me llevaron a la sala de maquillaje y peinado, la música empezó a tocar, los artistas corrían detrás del escenario, empezó a oírse la algarabía de los miles de personas que empezaban a entrar; aquí empecé a sentir nervios.

Tuvieron un desayuno especial para toda mi familia, vino a buscarme el director del desarrollo latino y me dijo: vengo a felicitarte y tengo el honor de conducirte al escenario, te voy a dar orientación para que todo salga bien.

Estarán filmando, pero no te preocupes, solo saluda y sonríe, disfruta, tomate de mi brazo y yo pondré mi mano sobre la tuya con fuerza; para que tu puedas bajar la escalera paso a paso, tranquila. Cuando el maestro de ceremonias termine de decir tu nombre, salimos al frente, te detienes, saludas y empiezas a bajar tranquila, disfrutando, caminamos por todo el escenario; te detienes en el centro, recibes la ovación y te llevo al podio.

En ese momento empezaron a entrar todas las directoras del área Enríquez, la orquesta tocaba y cantaban abriendo puertas. Las directoras iban tocando maracas y güiros, las diez mil personas cantaban y bailaban.

Cada una dijo su nombre y fueron bajando acompañadas de aquel ritmo tan alegre, el presidente me dijo: Mary Kay siente mucho no asistir a tu debut, tu sabes que está enferma.

Aquí te manda este regalo con su felicitación, y quiere que sepas que observa tu debut por circuito cerrado; así que cuando sea el tiempo de tu discurso, si lo deseas, dirígete a la cámara, pues ella te estará observando dichosa.

Así lo hice, para mí fue como si la señora Mary Kay estuviera presente, gracias a Dios, ese día, cumplí lo que le prometí cuando me gradúe como directora.

Tengo grabados en mi corazón los aplausos de aquellas diez mil personas; y ver a toda mi familia y a toda mi área en aquel escenario, recibiendo los aplausos y posando para las fotos. Fue uno de los días más felices de mi vida.

Discurso en mi Debut como Directora Nacional

Bienvenidas a esta celebración. Bueno, otra vez, soy Rosa Enríquez. Nací en Ixtapaluca, México. Soy casada con Luis Enríquez, Dios nos dio tres hijas y un hijo; Yazmin, Paz, Gaby y Luis. Cinco nietos; Christy, Laura, Pherrin, Mike y Johnny.

En 1979, mi Directora Superior, Rosa Barrera, me ofreció la oportunidad de Mary Kay. Fui muy difícil de reclutar, pues yo no usaba cosméticos, y no creía en ventas directas.

Lo que sucedió en mí al ingresar a esta compañía; fue una transformación total. Yo era muy negativa, pobrecita mi Superior.

Desde niña me sentí frustrada por no tener padre, y por no haber podido estudiar una carrera, y ya casada mí amargura creció. Y fue esta mujer, amargada y sin futuro la que ingresó a Mary Kay.

Empecé a poner en práctica el plan de mercado, y la filosofía de Mary Kay; y un día Mary Kay misma me graduó como directora. Mary Kay me puso en frente una montaña hermosa, y me enseñó a escalarla. Y un día yo les dije a todas ustedes, "nos veremos en la cumbre".

Hoy yo les digo que desde la cumbre, el panorama se ve más hermoso, y todas ustedes pueden llegar aquí. Yo sé bien que el éxito se logra con trabajo, esfuerzo y sufrimiento. Pero yo en Mary Kay, lo he logrado con trabajo y placer.

Cada escalón, cada meta la he disfrutado, esto ha sido posible gracias al fabuloso equipo que hemos formado; mi familia, y todas las Directoras y Consultoras del Área Enríquez. Gracias muchachas, han sido y son maravillosas. Pero sobre todo gracias al maravilloso equipo de desarrollo de ventas del seminario Zafiro; y a todos y cada uno de los empleados y empleadas de esta compañía. No los quiero nombrar, porque no quiero olvidar a ninguno y este mensaje es para ti, Mary Kay:

El día que me graduaste, te prometí que si la compañía entraba a mi patria, México, yo me hacía Directora Nacional. Hoy gracias a Dios, te cumplo mi promesa Mary Kay.

Gracias a mi directora Rosa Barrera, y a mi Directora Nacional, Coleen Shadley. Gracias a todo el Área Enríquez, a todas las Consultoras y las Directoras maravillosas.

Solamente les digo hoy, y le pido a Dios que nos guíe para llevar el sueño de Mary Kay a todo el mundo; y yo las invito a todas muchachas, vamos a la cumbre.

Rosa Enríquez

Área Nacional Enríquez

NSD ROSA ENRIQUEZ

BOLETIN
AGOSTO 2001

El Heraldo de Las Abejas de Oro

¡Un Seminario Extraordinario!

Queridas Directoras Y Consultoras,

Nuestro Seminario fue algo ¡Extraordinario! ¡Espectacular! Para mí fue algo que nunca hubiera podido soñar.

Solo puedo decirles que nuestra compañía Me recompenso al 100 % todo el trabajo que yo realicé durante el camino hacia la realización de esta meta.

Mi deseo mas ferviente para ustedes es que no dejen que nada ni nadie les robe su sueño! Sigan adelante, sigan luchando aten su carroza a una estrella y no paren. No desmayen hasta lograr lo que se propongan. Brinquen los obstáculos. Hagan a un lado las objeciones y las Barreras. Miren todo esto como retos y conquistenlos y cuando esto suceda ustedes Serán "triunfadoras".

Las quiero mucho y les deseo bendiciones de Dios en su vida y todo el éxito del mundo.

Con mucho cariño,
Rosa Enríquez
Directora Nacional Superior

Vamos a la Cumbre Abriendo Puertas

Tuvieron tantos detalles para mí y mi familia, y yo los comparto porque sé bien que les pueden interesar.

Esa misma tarde del debut, a mi familia se le pasó el tiempo tomando fotos; y perdieron el último autobús para ir al museo.

Les interesaba mucho ver que mi foto, y mi historia quedaría en ese museo para siempre. Las chicas se abrazaron muy tristes, llorando, en ese momento pasó Elizabeth Zukerman; y me pregunto ¿qué pasa?, le expliqué, y dijo: de ninguna manera va a perder esta experiencia.

Regresó con una empleada, y les explicó a las chicas que esta persona sería su guía, que fueran al área de taxis, les estaría esperando una limusina para llevarlas al museo.

Yo pensé, Dios mío, este es el pago por nuestro trabajo, esa noche fue la entrega de premios de nuestra nacional, Coleen Shadley.

Wow una fiesta hermosa, música, alegría, celebración, una cena deliciosa, el siguiente día clases. El lonche especial para cada nivel; y por la noche el cóctel de la realeza.

Una fiesta y cena espectacular, señoras con trajes de fiestas, y señores con tuxedo, el último día la clausura con shows estilo New York; y regresamos a casa a seguir trabajando.

Empezamos a desarrollar el trabajo de área nacional, varias de las directoras estaban haciendo metas para calificar como directora nacional; pues todos los eventos vividos fueron muy motivantes. Me dieron a conocer sus sueños, y yo les aseguré, que con mucho gusto les daría todo mi apoyo. Al mismo tiempo tuve reuniones con toda el área, y seguimos haciendo diferentes eventos, la reunión de directoras un día al mes fue algo de lo más importante.

Para mí fue una dicha muy grande que siempre asistieron a nuestra reunión todas las directoras; era una mañana muy alegre donde compartimos nuestras experiencias. Teníamos clases sobre diferentes temas, planeábamos los siguientes eventos. Les daba a conocer la promoción del mes siguiente; celebrábamos los cumpleaños, salíamos de reunión cargadas de energía positiva, entusiasmadas a trabajar el negocio.

El segundo año, como área nacional, subimos a la posición más alta de la compañía, el círculo interior.

En este tiempo Mary Kay Ash nos pidió a todas las directoras nacionales tres de nuestras recetas favoritas, pues editó un libro con recetas. De las tres que envié yo, Mary Kay Ash escogió el 'Arroz Enríquez' que yo cocino el Día de Acción de Gracias; y mi receta está en la página 99 del libro: "Stirred with love Recipes and Reflections from the Mary Kay Family".

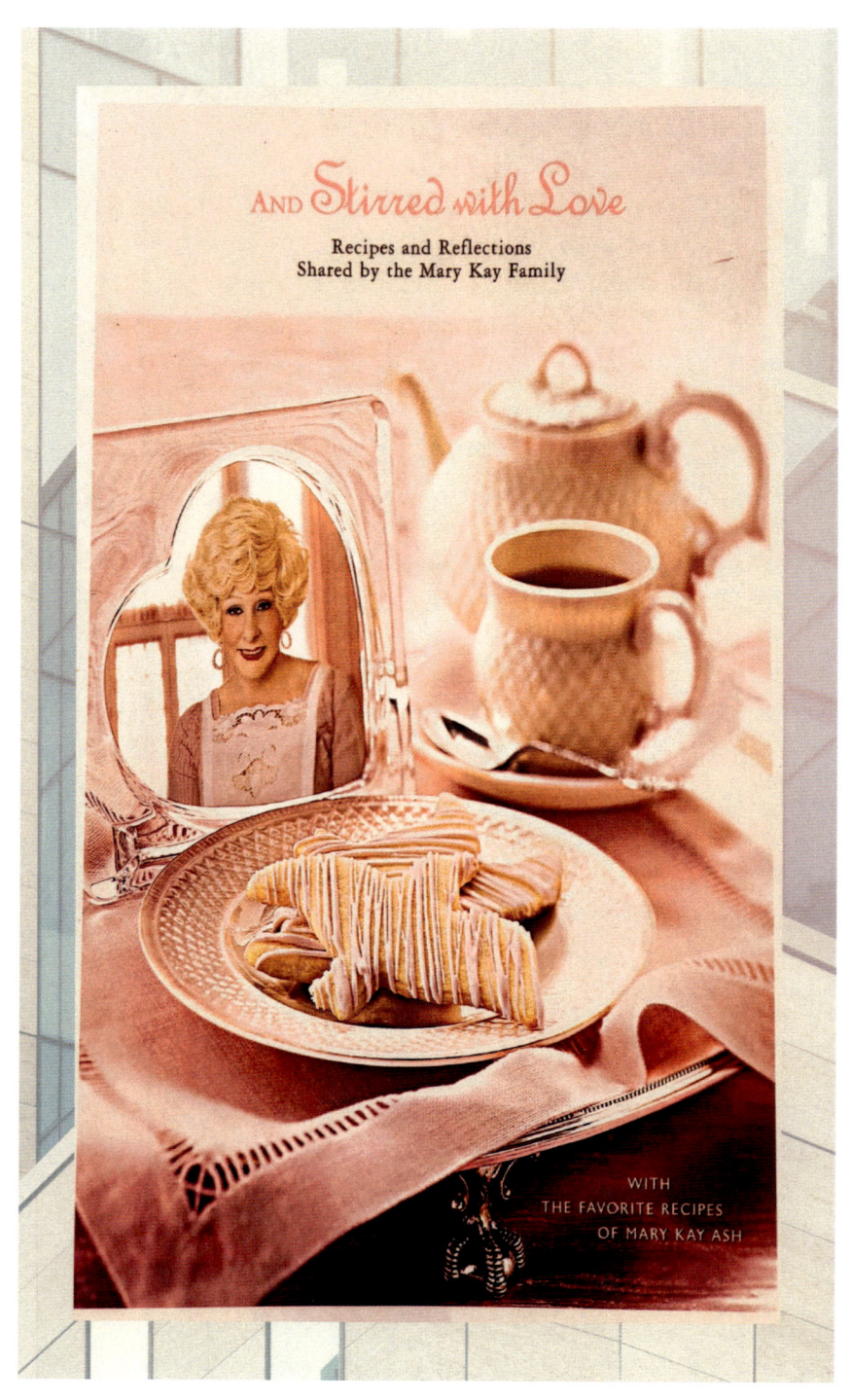

Rosa Enríquez

Arroz Enríquez

Un platillo que más le gusta a mi familia y solo lo cocino el Día de Gracias y en Navidad. Todos en la familia esperan con ansia esos dais y comentan que este arroz es un secreto de nuestra familia, amistades me dicen que nunca lo han comido en otro lugar. Ahora yo les comparto uno de mis secretos de mi cocina.

Ingredientes:

- 2 tazas de arroz
- 3 cucharadas de aceite
- 2 tazas de caldo de pollo
- 4 pechugas de pollo desmenuzadas
- 2 tazas de crema agria
- 1 libra de queso Monterrey Jack
- 8 chiles California
- 3 cucharadas de mantequilla
- dientes de ajo
- 2 cucharadas de cebolla

Se cocinan las pechugas de pollo con el ajo la cebolla y sal al gusto.
Cuando la carne esta cosida se saca del caldo y se deshebra.
Los chiles se asan, se limpian se les quita las semillas y sé hagan rojas.
El arroz se fríe muy poco con el aceite, pues necesitamos que quede blanco.
Se le agrega el caldo de pollo y se cocina.
Se engrasa un molde con la mantequilla y se le pone:
 una capa de arroz, una capa de pollo, una capa de Chile, una capa de crema agria, una capa de 2quezo y por ultimo una capa de arroz, al final se le riega un poco de mantequilla encima se le cubre con papel aluminio y se mete al horno por 30minutos a 300 grados ...mmmm Riquísimo!

¡No se les olvide servirlo con mucho amor!
¡Espero que les guste!

Rosa Enríquez SNSD

13 Propósitos Para lograr un exitoso Año

1. **Incrementa tu fe.** Crea un vínculo fuerte con Dios, de tal manera que puedas experimentar la agradable sensación de poder llevar a cabo las Prioridades: "Dios, familia y Carrera".

2. **Comprométete.** Esto requerirá que destines tiempo, esfuerzo y talento a las actividades relacionadas con tu negocio independiente y tu Grupo de Compra. Arriésgate a tomar el reto de convertirte en una exitosa Directora de Ventas Independiente durante este año que inicia.

3. **Busca Soluciones.** Procura enfocarte en las posibilidades en lugar de detenerte a pensar en los obstáculos que pueden presentarse.

4. **Evita los comentarios negativos.** escucharlos solo te contaminara... ¡ni siquiera consideres pensar en originarlos tu!

5. **Comparte tiempo con quienes te impulsan.** Busca estrechar relaciones con personas a quienes admires, con quienes ya se encuentran en donde tu deseas estar o que ya han obtenido la meta que deseas alcanzar. Su ejemplo y sus consejos serán de gran utilidad para ti.

6. **Asiste a todos los eventos de la Compañía.** La motivación y el entrenamiento que recibirás en ellos son vitales para mantenerte informada y actualizada sobre las novedades que presenta la Compañía, lo que te permitirá dar un mejor servicio a tus clientas y lograr un mayor desarrollo de tu Carrera.

7. **Dedica tiempo a "vender" sueños.** Empieza por desarrollar a las integrantes de tu Grupo de Compra y cuando lo hagas, considera que estas preparando líderes.

8. **Enseña con el ejemplo.** Tus inicios admirarán y seguirán tus pasos, así que planea tus metas y dirige tus esfuerzos. Considera que tu ejemplo vale mas que mil palabras.

9. **Lee libros motivacionales.** Observa y escucha los videocasetes y CD's que produce la Compañía. Toma en cuenta que todos ellos contienen valiosa información que te ayudará a mantenerte actualizada. Comprométete a lograr, con este material, un entrenamiento constante.

10. **Se precavida.** Una vez que defines tu meta, cuenta siempre con varios planes que te ayuden a lograr tu objetivo. Recuerda que el plan puede cambiar, pero la meta, jamás!
¡Tu puedes lograrlo!

11. **Valora a tu familia.** Recuerda que tu familia es lo que le da razón a tu éxito. Evita usarla como una excusa, al contrario, construye un futuro y un estilo de vida prospero y hermoso para los que tu amas.

12. **Desarrolla relaciones sólidas.** Especialmente con quienes puedan ser una gran inspiración y te motiven, como por ejemplo tu Directora de Ventas Independiente o la Consultora mas destacada de tu Unidad.

13. **Continua siempre hacia adelante.** Evita compararte con quienes se encuentran a tu alrededor o con lo que hiciste en el pasado. Tu momento es ahora y tu objetivo es lograr ser mejor de lo que has sido. Solo es valido comparar si el día de hoy diste lo mejor de ti y lograste avances. Mantener tu vista siempre hacia tu meta te llenara de entusiasmo y de fe.

¡un año lleno de satisfacciones y éxito!

Rosa Enríquez

Mary Kay Ash se convirtió en estrella del cielo

Área Nacional Enríquez

Diciembre, 2001

El heraldo de las abejas de oro.

Hola queridas directoras y consultoras, siempre pensé que Mary Kay era un ángel que Dios mandó a la tierra; pero el Día de Acción de Gracias, cuando me llamó Elizabeth Zukerman, me dijo: "Rosa, ya tenemos una estrella más en el firmamento, Mary Kay Ash ya está en el cielo," en ese momento lo confirmé.

Qué día más hermoso en el que ella llegó a la presencia de Dios, yo me siento muy bendecida, porque Dios me permitió conocer y convivir con esta extraordinaria mujer por 20 años. El día que ella me graduó como directora nos dijo: "vayan a los lugares donde viven, y toquen todas las vidas que puedan para el bien de ellas y sus familias, vendan sueños, cambien vidas".

Este es el legado que ella nos dejó; pasar esa antorcha con luz y esperanza a todas las mujeres que encontremos en nuestro camino, y así estaremos honrando su memoria.

Descanse en paz.

Rosa Enríquez

Tributo a Mary Kay Ash

Nuestro mas sentido pésame a cada uno de os familiares y admiradores de Mary Kay Ash.

Mary Kay vivirás en nuestros corazones ahora y siempre como una de las mejores lideres universales que representan con éxito los valores de la mujer y su potencial en la fuerza laboral integrada en la última década del siglo pasado. Te fuiste, pero dejaste al mundo un legado de haber sido la fundadora de una compañía tan maravillosa para la mujer. Aun sin tu presencia física, continuaras siendo para nosotros como una antorcha encendida alumbrándose con luz propia bajo las reglas básicas con las que fundaste esta compañía con amor.

Creyendo siempre en que, primero Dios, después la familia y luego la carrera. La regla de oro que es tan sencilla y básica que se te dieron a conocer en algún momento de tu vida. Ahora universalmente tuviste la oportunidad de dar esos conocimientos y tocar tantas vidas con tu exitosa carrera.

¡Gracias Mary Kay! Por todo lo que aportaste para todas y cada una de las personas que te queremos. Te fuiste como una reina por la puerta grande, como si Dios hubiera estado esperando este maravilloso día de Dar Gracias. Damos gracias a Dios por haber escogido este maravilloso día para que partieras y te reunieras con El. Dando gracias a este mundo con los brazos abiertos como si quisieras abrazar el inmenso amor de tantas personas que universalmente te queremos y te recordaremos con afecto por el resto de nuestras vidas.

Nosotros sabemos que donde quiera que te encuentres nos seguirás conduciendo con las mismas reglas básicas que con tanto éxito tuviste como fundadora y líder de esta gran compañía. Te fuiste en los mejores años de tu gloria. ¡Bendita seas Mary Kay!

David Gonzáles (Esposo de Maria Gonzáles)
De Los Angeles, California
Unidad K456

Rosa Enríquez

Mensaje a la Futura Área Paredes de México

Seguí trabajando con Estados Unidos y México, y mandando mensajes a las dos áreas.

Mensaje:

Queridas Directoras de Mary Kay Cosmetics,

Hola queridas directoras en México; de la futura área Paredes a punto de nacer.

Tu eres una estrella en ese firmamento, ¿cuál es tu meta?, ¿eres parte de este equipo?, ¿estás lista para jugar tu mejor partido?.

Bravo, te felicito, se me pone la carne de gallina cuando las visualizó en el escenario; la arena está inundada de ambiente festivo, la música calla, y una voz fuerte anuncia el debut del área Paredes.

Estoy orgullosa de ustedes, las invito a subir a la cumbre.

Con cariño,

Rosa Enríquez

Mensaje al Área Enríquez de los Estados Unidos

Querida área Enríquez de Estados Unidos, cuando ustedes alcanzan una meta, mi corazón salta de alegría, pero esta vez casi se me sale el corazón del pecho.

En medio de nuestra reunión en New Orleans, me llamaron de México para avisarme que oficialmente ese día; Dallas declaró a Enedina Parede, Directora Nacional, que alegría que nuestras hermanas en México están triunfando.

Estoy feliz de regresar a trabajar con ustedes, y le doy gracias a Dios por la bendición de ver florecer nuestra compañía en México. Recibir en Monterrey a más de 240 mujeres que viajaron de todas partes de la república; graduarse como una área nacional, fue grandioso, subieron al escenario 50 mujeres, 49 directoras y Enedina Paredes; la Directora Nacional de todas ellas.

Representantes de cientos de hogares, que han sido beneficiados al desarrollar la oportunidad que Mary Kay llevó a México.

En este selecto grupo, subió al escenario la Directora Carmelita Franco; futura nacional de Tepatitlán; Jalisco.

Con cariño,

Rosa Enríquez

Nuestro Aniversario

Seguimos trabajando, fue un tiempo lleno de éxito, mi hija Paz y yo, trabajando al frente de la oficina muy responsable y profesional; al mismo tiempo, conducía su unidad como directora.

Dios nos ha bendecido con muchísimas amistades aquí, pero toda nuestra familia está en México, se acercaba nuestro aniversario de 50 años, lo pensamos mucho y decidimos celebrarlo con una reunión sencilla; solo con nuestros hijos, nietos y con Lupita Magaña y su familia.

Ella siempre me ha dado el honor de llamarme madre; y para nosotros es una hija, creo que fue muy acertado, pues vivimos una experiencia increíble. Paz nos hizo un libro hermoso con el escudo del apellido Enríquez; el árbol genealógico y la historia de la familia.

En él, cada uno de nosotros escribimos una carta, describiendo lo que han significado estos 50 años. Cada uno leyó su carta, y fueron momentos hermosos de mucho simbolismo, creo que nunca nos habíamos dado un tiempo tan especial entre nosotros; creo que nuestra fe en Dios y nuestro amor se fortalecieron.

Nuestros hijos querían ordenar comida, pero yo les dije que no. Durante estos 50 años yo no he ordenado comida, díganme que les ha gustado de lo que yo les he hecho de comer y eso será el menú; bueno, se sirvió arroz Enríquez, taquitos de pollo dorados con guacamole, salsa verde y crema, también mole poblano, y así la familia Enríquez siguió adelante con la bendición de Dios.

Simbolismo

Mientras seguíamos trabajando como área nacional, vivimos muchas experiencias llenas de simbolismo; todas las directoras con su gente, participaban con entusiasmo para planear cada uno de los eventos.

Escogimos con alegría la ropa que usaríamos en las noches de premios, para lucir todas hermosas. Esto nos unió mucho como grupo, y de verdad, que esto se logre con un grupo tan grande, es algo extraordinario. Ahora en mi retiro, cuando veo los videos y recuerdo todo esto, me siento feliz y dichosa; lo más importante es que en todas estas experiencias se reconoce y premia a toda la gente por su trabajo, por su desarrollo, por su talento y yo creo que todo esto, trajo mucho bien a muchos hogares hispanos; pues cada una de estas líderes es una madre de familia que será un ejemplo.

Este grupo y yo subimos al escalón más alto de May Key cosméticos, el círculo interior. En una de las reuniones de este grupo, asistí con 5 de las mejores directoras de mi área, la ceremonia de clausura se celebró en el edificio de la sede de la compañía.

Fue en un escenario donde entraba toda la luz del cielo; esa mañana conducía el evento la Directora Nacional de Ventas Senior Rena Tarbet, una mujer inigualable, un ser humano muy espiritual, una de las directoras nacionales con más éxito en Mary Kay, una gran líder.

Rina condujo el evento muy profesional, pero al mismo tiempo, con ese toque, ella le daba a todo espiritualidad y humanismo. Yo creo que nadie que asistió allí, se ha olvidado de ese día. Fue el último evento que Rina condujo antes de su muerte, de momento me vinieron a decir que a mí me tocaba compartir en el cierre, porque nuestra nueva área había tenido un desarrollo extraordinario. Yo me puse muy nerviosa al saber que iba a compartir ante aquellas mujeres exitosas; la mayoría de ellas con carreras profesionales, hubiera dado cualquier cosa por desaparecer, mi esposa y mi hija Paz se pusieron muy nerviosas al verme.

Llegó el momento, me encomendé a Dios, subí al escenario y solo recuerdo ver aquel cielo hermoso azul a través de los cristales. Empecé a hablar, solo abrí mi corazón, los minutos pasaron, empezaron a aplaudir, aplaudir y aplaudir.

Dos señores me tomaron del brazo, y empecé a bajar las escaleras, ver a todas aquellas señoras de pie, recibiendome con cariño y respeto es algo inolvidable; sobre todo porque todo aquello no era solo para mí, yo solo estaba representando a toda mi área.

A la mujer mexicana y a la comunidad latina. Gloria a Dios.

En este seminario debuta como tercera directora nacional descendiente del Área Enríquez, la fantástica Directora Maria Aguirre.

Felicitaciones a toda la fabulosa Área Aguirre.

Feliz Navidad

Diciembre 2006

Un saludo a toda el Área Enríquez,

Estamos a punto de terminar de escribir una pagina mas del libro donde atesoramos el balance de nuestra vida. Gracias a Dios por este año de vida. Que nos ha permitido vivir. Yo en lo personal le doy gracias a Dios por haberlas conocido a todas ustedes. Como mujeres de negocios hemos caminado juntas y por medio de esto tuve la dicha de conocerlas a ustedes y a sus familias les pido que le den un abrazo de mi parte a todas esas personas especiales en su vida.

A ustedes Directoras y a todas sus Consultoras. Les envió un cariñoso abrazo y les deseo que el Niño Jesús nazca en sus corazones. Mil gracias por su cariño y por su apoyo que Dios las Bendiga.

Una Navidad Inolvidable!
Celebrando una Navidad con Mary Kay en su casa.

Vengan a la cumbre siempre estaré con ustedes si necesitan mi ayuda para escalar esta Montaña preciosa que nos enseño a conquistar Mary Kay.

Con todo mi Cariño,

Rosa Enríquez

Círculo Interior 2006

Felicidades Área Enríquez
Una vez mas terminamos el año
on target para el Círculo Interior.
!Ganando el viaje a Praga!

Círculo Interior 2006

Rosa Enríquez

El viaje de nuestra vida siguió

Perrin, nuestra nieta, recibió de Dios un niño, D. J. y se convirtió en madre feliz, Yazmin empezó a ser abuela; y Luis y yo empezamos a ser bisabuelos.

Un tiempo después, Dino y Gaby, recibieron en su hogar una hermosa niña, Daniela.

Siguió caminando el tiempo, y los días se convirtieron en años, la compañía nos premia a las Directoras Nacionales con un viaje internacional cada año. Son viajes super especiales, elegantes, sobre todo viajar en medio de ese grupo de más de 400 personas, todas conocidas, amables, cariñosas, positivas y todo el personal de la compañía tan amable, atentos y cariñosos.

Esto es algo que no se puede comprar, todo está planeado perfectamente, a todas las directoras las transportan en autobuses y limusinas especiales; y no nos preocupamos ni de nuestras maletas.

El círculo interior tiene una semana extra en un lugar especial, yo siempre gané los dos niveles y el círculo interior, mi esposo me pudo acompañar. Conocimos Suiza, Francia, Italia, Nueva Zelanda, Australia, Hawái, España, Mónaco, Alemania, Austria, Inglaterra, Irlanda, Escocia, Dinamarca, Suecia, Noruega, Talín, Rusia, Checoslovaquia, Praga, Rumania, Holanda, Bélgica, Luxemburgo, Grecia y Turquía.

Fueron viajes de ensueño, todo el día paseábamos, por la noche cerrábamos bailando. Le damos gracias a Dios por todas estas bendiciones.

En el 2007 llegó el tiempo de retirarme, la compañía Mary Kay planea todo con seis meses de anticipación, así que empezaron a orientarme para mi debut como emérita. Se llevó a cabo el primer día por la mañana, fue una ceremonia con mucho simbolismo. Me entregaron una placa hermosa y la abeja reina, es una abeja de oro blanco y diamantes, es cuatro veces más grande que la abeja con la que se premió el reclutamiento; esta hermosa abeja solo la recibe una Directora Nacional cuando se retira.

Para mí es un honor muy grande lucirla en la solapa de mi saco, este fue un seminario inolvidable, la noche de premio de nuestra área fue una derroche de música, baile y alegría. No parecía un adiós sino el principio de algo diferente, yo me sentí feliz, satisfecha y mi tema cambió, ahora es más allá de la cumbre.

La conferencia de mi retiro, se llevó a cabo en el puerto de San Diego, California, la fiesta de gala fue en un portaaviones de la armada americana de Estados Unidos; y la noche de premios fue al estilo de los años 20.

Antes de entrar al salón nos pusieron una sala llena de sombreros, boas, guantes y chales al estilo los años 20, nos divertimos tanto, también los señores pudieron escoger un sombrero de copa. Paz y yo planeamos la cena del Área Enríquez, en un barco que nos paseó por algunas horas por toda la bahía.

Tuvimos baile y entrega de premios. A todas las directoras les regalamos un sombrero de capitán, durante nuestra travesía, tuvimos la suerte de vivir el show de luces artificiales que ofrece el puerto de San Diego en el mar; fue una noche inolvidable.

La compañía tenía asientos especiales en todos los eventos; las cenas y las comidas para todos mis invitados y para todos mis hijos, nietos, bisnietos y hasta el bebé.

Este es el único evento en que la compañía permite bebés. Terminamos con una lunada para toda la familia en la casa de playa de Rosarito, de mi amiga Yolanda Carranza. Después, organicé una fiesta de retiro para todas las personas que no pudieron ir a San Diego, en el salón de fiestas "Almansor", de Alhambra ; California. Fue una fiesta estilo Nueva Orleans, alegre y muy concurrida, vinieron directoras con su gente hasta de otros Estados. Estuvo presente México, representado por Enedina Paredes y su directora e hija Renata, Lupita Magaña, su área y sus nacionales descendientes; Maribel Barajas, Elizabeth Sánchez y Paola Ramírez.

Fue una noche donde reinó la alegría, el compañerismo y el cariño entre todas nosotras.

Seguimos caminando por la vida con esta hermosa familia; y en junio 22 del 2013, se casaron Miguel Carvente y nuestra nieta Laura Enríquez. La boda se celebró en la casa de Luisito y Evelyn, y en nuestra casa. Fue una hermosa experiencia, pues semanas antes todos participamos para preparar la fiesta, fue una ceremonia hermosa, nuestro hijo ofició la ceremonia; y fue hermoso verlo casar a su hija.

En marzo del 2015, nació Luna, Miguel y Laura se convirtieron en padres, Luisito y Evelyn en abuelos; y Luis y yo nuevamente bisabuelos.

En enero del 2019, nació Maya, nuestra tercera bisnieta, hija de Miguel y Laura, y de esta manera nuestra cosecha en la familia Enríquez son tres hijas; un hijo, cinco nietas, dos nietos, un bisnieto y dos bisnietas. Todos son una bendición de Dios.

Rosa Enríquez

Celebracion Emeritus 2007

Area Nacional Enriquez
Miembro del Prestigioso Circulo Intereior

La antorcha de Mary Kay queda en tus manos trata que el camino a la cumbre sea recto y ancho para que muchas mas como tu, te sigan.

Que Dios las bendiga,

Rosa Enríquez

Yo voy mas allá de la cumbre

Lupita Ceballos
Directora Nacional Senior
(Miembro del Circulo Interior)

Lo Mejor Esta Por Venir

Enedina Paredes
Directora Nacional
(Guadalajara, México)

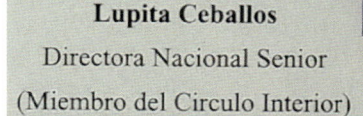

Maribel Barajas
Directora Nacional
(Descendiente de Lupita Ceballos)

Maria Aguirre
Directora Nacional

Vamos a la Cumbre Abriendo Puertas

Rosa Enríquez

Momentos

Al llegar a este final del libro, solo puedo darle gracias a Dios por darme vida, salud, guia y memoria para recordar tantos años de vida, y al recordarlos; he podido ver con claridad que Dios me regaló una vida hermosa, y que los momentos que me sentí triste y sola no fue así. Pude verificar que Dios siempre está al alcance de mi pensamiento, también, pude ver como creció y se fortaleció mi fe, poco a poco, este fue el éxito de mi proyecto.

Pero al despedirme de ustedes, quiero decirles que mi mayor propósito al compartirles mis memorias, lo más importante no son los lugares hermosos que conocí, o los barcos lujosos en que viajé; lo más importante es que se pueden derribar las barreras que yo misma me pusé, que debemos insistir, persistir y resistir, que con Dios, trabajo y buena actitud, podemos escalar montañas.

Mil gracias a toda mi familia, a todos los empleados, la fuerza de ventas Mary Kay y a toda mi querida Área Nacional Enríquez.

Directora Nacional de Ventas Senior Independiente Emérita Rosa Enríquez

- Originaria de Ixtapaluca, estado de México
- Ingresó a Mary Kay en 1979
- La graduó como Directora de Ventas la misma Mary Kay Ash en 1985
- Como Directora Destacada ganó viajes, joyas y abrigos de piel.
- Debutó como Directora Nacional en el año 2001
- Subió con su poderosa Área hasta el escalón más alto de la compañía, "El Círculo Interior".
- Ha viajado por todo el mundo junto con su esposo Luis y en medio de la cálida compañía de todas las Directoras Nacionales.
- Es Directora Superior de las siguientes extraordinarias mujeres que llevan en sus manos la antorcha de Mary Kay:
    - La Directora Nacional Ejecutiva Lupita Magaña
    - La Directora Nacional Superior Enedina Paredes de Guadalajara, México
    - La Directora Nacional María Aguirre
- En su Segunda Línea:
    - La Directora Nacional Maribel Barajas
    - La Directora Nacional Elizabeth Sánchez
    - La Directora Nacional Gladys Camargo

- La Directora Nacional Alejandra Zurita
- En su Tercera Línea:
  - La Directora Nacional Paola Rimirez
  - La Directora Nacional Carmelita Franco, de Tepatitlán, Jalisco.
- Entre sus éxitos cuenta con el placer de haber viajado con la Señora Mary Kay Ash llevando esta bendita oportunidad a las mujeres de su patria, México.
- Otra de sus satisfacciones es haber impactado a tantas mujeres y a su familia con el estilo de vida positivo que la misma Mary Kay Ash le enseñó a ella.

***Cierro este libro tomando la interpretación de la canción
"A mi Manera" en la voz de Maria Martha Serra Lima -
Author Frank Sinatra***

Estoy mirando atrás, y puedo ver, mi vida entera...

y se que estoy en paz, pues la viví a mi manera.
Crecí sin derrochar, logre abrazar el mundo todo,
y más...mil sueños más, viví a mi modo.

Dolor no conocí y recibí compensaciones,
seguí sin vacilar, logre vencer las decepciones,
mi plan jamás falló, y me mostró, mil y un recodos,
y más, si mucho más... viví a mi modo.

Esa fui yo, que arremetí,
hasta el azar quise perseguir,
si me oculte, si me arriesgue, lo que perdí no lo lloré...
porque viví, siempre viví, a mi manera...

Amé, también sufrí y compartí
caminos largos,
perdí y rescate, más no guarde
tiempos amargos.

Jamás, me arrepentí, si amando di, todos mis sueños,
lloré y si reí, fue a mi manera...
Me pueden decir o criticar,
si yo aprendí a renunciar,
si hay que morir, y hay que pasar, nada dejé sin entregar...

porque viví, siempre viví.... A mi manera...
Fue... a mi manera.

Rosa Enríquez

REWARD
RECOMPENSA

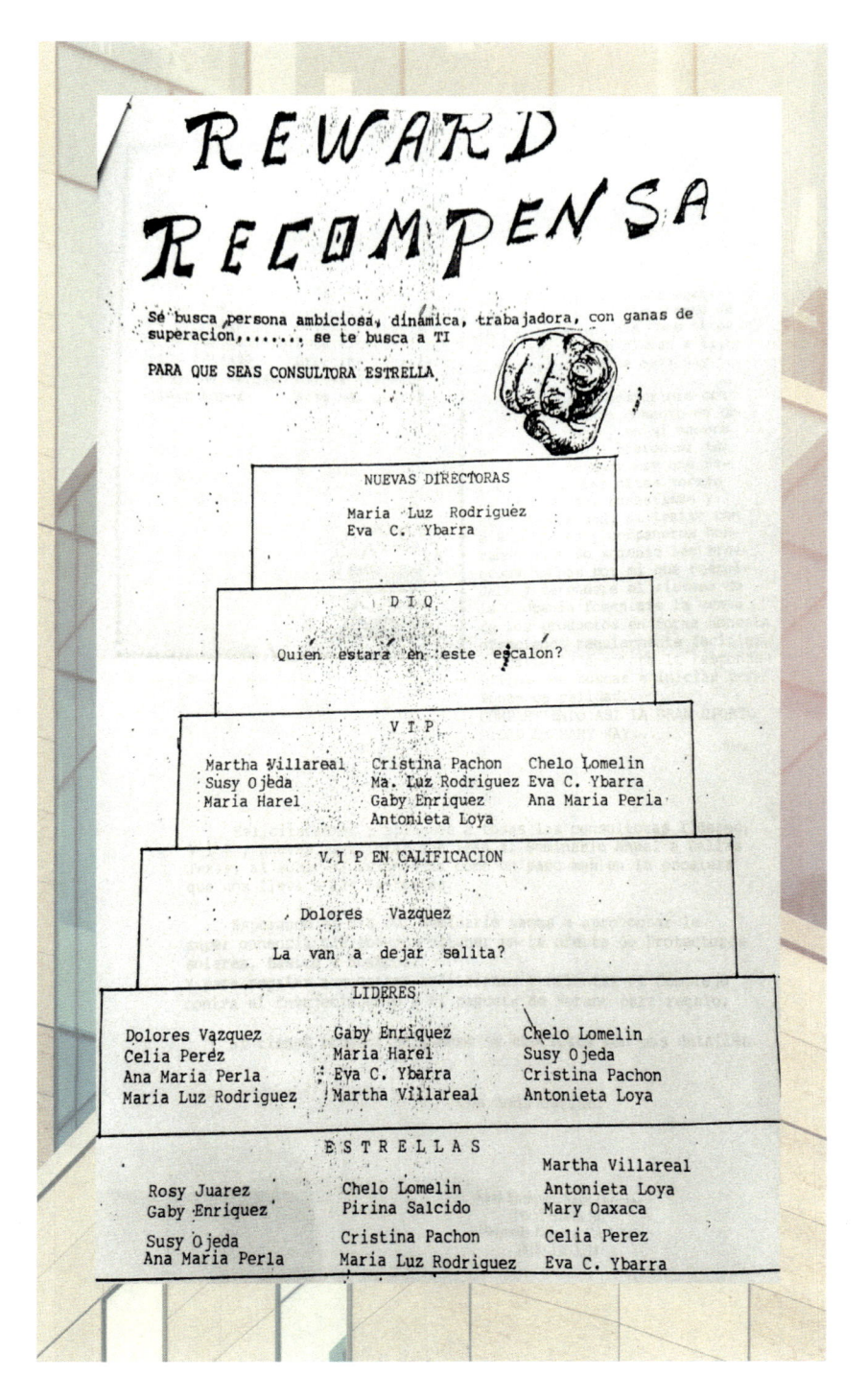

Se busca persona ambiciosa, dinámica, trabajadora, con ganas de superación,...... se te busca a TI

PARA QUE SEAS CONSULTORA ESTRELLA

NUEVAS DIRECTORAS
Maria Luz Rodriguez
Eva C. Ybarra

DIQ
Quien estará en este escalón?

VIP
Martha Villareal	Cristina Pachon	Chelo Lomelin
Susy Ojeda	Ma. Luz Rodriguez	Eva C. Ybarra
Maria Harel	Gaby Enriquez	Ana Maria Perla
	Antonieta Loya	

VIP EN CALIFICACION
Dolores Vazquez
La van a dejar solita?

LIDERES
Dolores Vazquez	Gaby Enriquez	Chelo Lomelin
Celia Perez	Maria Harel	Susy Ojeda
Ana Maria Perla	Eva C. Ybarra	Cristina Pachon
Maria Luz Rodriguez	Martha Villareal	Antonieta Loya

ESTRELLAS
Rosy Juarez	Chelo Lomelin	Martha Villareal
Gaby Enriquez	Pirina Salcido	Antonieta Loya
Susy Ojeda	Cristina Pachon	Mary Oaxaca
Ana Maria Perla	Maria Luz Rodriguez	Celia Perez
		Eva C. Ybarra

Vamos a la Cumbre Abriendo Puertas

Happy Birthday June

Jilma Barrera
Sylvia Ramirez
Ana Gonzalez
Margarita Ceuteuo
Irene Estrada
Juventina Delgado
Alicia Lopez
Alma Soberano
Ana Maria Santana
Carmen Pimentel
Rosa Flores
Georgina Gonzalez
Mireya Salgado
Rosa Ma. Juarez

JURAMENTO DE CONSULTORA

Sabiendo que nuestra compañia esta fundada en el concepto de la regla de oro has como otros te gustaria te hicieran a ti, como consultora de Mary Kay.

Prometo que me comportare con dignidad en todo momento en palabra, en obra y en mi manera de vestir, para proyectar asi la imagen de Mary Kay que reflejare las mas altas normas de integridad, honestidad y responsabilidad, al tratar con mis clientes y compañeros honrando en todo momento las promesas hechas por mi que respaldare y defendere el sistema de la Compania fomentare la venta de los productos en forma honest ofreciendo regularmente faciales de cortesia aceptare la responsabilidad de buscar e iniciar personas de calidad.
COMPARTIENDO ASI LA GRAN OPORTUNIDAD DE MARY KAY...

Felicitaciones y aplausos a todas las consultoras lideres, V I P y nuevas Directoras que iran al Seminario Anual a Dallas Texas, al subir al avion sera como un paso mas en la escalera que nos lleva a las Estrellas.

Esperando el dia del Seminario vamos a aprovechar la super ganancia que podemos obtener en la oferta de Protectores solares, Basico y Shampoo.
Y para regalar a nuestras anfitrionas y clientas el Complejo contra el Envejecimiento y el paquete de Verano para regalo.

Si tienes preguntas llamame te explicare con mas detalles

Con todo cariño.

Rosa Enriquez, Sales Director
14958 Novak St.
Hacienda Heights, CA 91745
(818) 330-3574

Rosa Enríquez

Made in the USA
Middletown, DE
27 April 2024